給与奉行クラウド
導入・運用ガイドブック

株式会社TMSエデュケーション

奉行クラウド出版

※ Microsoft、Windows、Excel、Word 及び Microsoft Azure、Internet Explorer は、米国 Microsoft Corporation の米国及びその他の国における登録商標または商標です。

※ OBC、奉行、奉行シリーズは、株式会社オービックビジネスコンサルタントの登録商標または商標です。

※その他、記載されている会社名、製品名は、各社の登録商標または商標です。

※本書は 2019 年 10 月 17 日現在最新版の、給与奉行クラウド Ver191017 をもとに制作されています。予告なく本書に記載されている機能等が変更になる可能性がありますので、ご了承ください。

はじめに

　クラウドを利用する業務アプリケーションが多く発売されています。

　株式会社オービックビジネスコンサルタントは、奉行シリーズの SaaS 版『奉行クラウド』、従業員とバックオフィス部門をつなぐクラウドサービス『奉行クラウドEdge』の2つのシリーズで、多くのクラウド製品を展開しています。インターネットの普及や高速化がその背景ですが、我々ユーザーが利用するデバイスがパソコンのみならず、スマートフォンなどに多様化していることも大きな理由の一つです。

　勘定奉行や給与奉行は、ソフトウェアとしての高機能とわかりやすい操作性で常に NO.1の評価を受けており、業務ソフトウェアとして最大のラインアップを提供していることでユーザーに最大の安心感をもたらしているのが特徴です。

　従来、周辺サービスと言われていたソフトウェアをクラウド化することにより、エッジコンピューティングソフトウェアとして高度化し、さらに多くのサービスを提供していることが奉行シリーズ最大の強みでしょう。

　本書で紹介する『給与奉行クラウド』は、その中核をなすソフトウェアです。『奉行クラウド edge』として提供されているエッジコンピューティングソフトウェアも利用することで、さらに便利で高度な運用が提供される仕組みです。

　他社の給与計算ソフトウェアを利用中の方、起業された方、ぜひ給与及び人事の管理業務は、まずは『給与奉行クラウド』の導入を検討ください。

　中小企業の業務のクラウド化は、ここからスタートします！

株式会社 TMS エデュケーション

代表取締役社長　吉田直幸

CONTENTS

はじめに ……………………………………………………………………………… 003

Part1 給与奉行クラウドの特徴とメリット　007

Chapter 1 給与ソフトはクラウドを選ぶ時代 ……………………………………… 008
Chapter 2 バックオフィス業務プラットフォーム「奉行クラウド」登場 ………… 010
Chapter 3 給与奉行クラウドで給与業務がこんなに良くなる！ ………………… 013

Part2 導入準備　017

Chapter 1 導入に必要な情報と準備 ……………………………………………… 018
Chapter 2 インストールとアンインストール …………………………………… 022
Chapter 3 メイン画面の構成 ……………………………………………………… 024

Part3 【導入時】基本データの登録　035

Chapter 1 導入時に知っておきたいこと ………………………………………… 036
Chapter 2 法人情報を確認・変更する …………………………………………… 039
Chapter 3 会社の組織情報を登録する …………………………………………… 042
Chapter 4 有給休暇を管理する …………………………………………………… 048
Chapter 5 給与規定の設定を行う ………………………………………………… 054
Chapter 6 社会保険・年末調整・労働保険関連の設定を行う ………………… 079
Chapter 7 振込元となる銀行を登録する ………………………………………… 092
Chapter 8 電子申請をするための事前設定を行う ……………………………… 096

Part4 社員情報の登録　099

Chapter 1　社員情報の登録の基礎知識 ………………………………………… 100
Chapter 2　社員情報を登録する ………………………………………………… 101
Chapter 3　社員情報の一括登録 ………………………………………………… 125
Chapter 4　社員情報の CSV ファイルでの一括受入 ………………………… 128
Chapter 5　新しい住民税を登録する …………………………………………… 139
Chapter 6　社員の個人番号を登録する ………………………………………… 143

Part5 給与業務を行う　149

Chapter 1　給与業務を行う前の基礎知識 ……………………………………… 150
Chapter 2　給与データの入力を行う …………………………………………… 152
Chapter 3　給与データを一覧で確認する ……………………………………… 159
Chapter 4　給与明細書を印刷する ……………………………………………… 160
Chapter 5　銀行に振り込む ……………………………………………………… 163
Chapter 6　住民税を納付する …………………………………………………… 167
Chapter 7　所得税を納付する …………………………………………………… 170
Chapter 8　賞与データの入力を行う …………………………………………… 172
Chapter 9　管理帳票 ……………………………………………………………… 175

Part6 社会保険　189

Chapter 1　社会保険の基礎知識 ………………………………………………… 190
Chapter 2　月額変更処理 ………………………………………………………… 192
Chapter 3　算定基礎処理 ………………………………………………………… 209
Chapter 4　管理帳票の作成 ……………………………………………………… 216

Part7 年末調整 223

Chapter 1 年末調整の基礎知識 ････････････････････････････ 224
Chapter 2 年末調整業務の概要 ････････････････････････････ 226
Chapter 3 年末調整の処理 ････････････････････････････････ 228
Chapter 4 年末調整後の処理 ･･････････････････････････････ 240
Chapter 5 年末調整関連の管理資料 ････････････････････････ 245
Chapter 6 年次更新 ･･････････････････････････････････････ 253

Part8 労働保険 255

Chapter 1 労働保険の基礎知識 ････････････････････････････ 256
Chapter 2 労働保険の業務 ････････････････････････････････ 258

Part9 奉行クラウドとのデータ連携 263

Chapter 1 連携で向上する生産性 ･･････････････････････････ 264

索引 ･･ 267

無料トライアルのご案内 ････････････････････････････････ 278

Part 1

給与奉行クラウドの
特徴とメリット

Chapter 1　給与ソフトはクラウドを選ぶ時代

Chapter 2　バックオフィス業務プラットフォーム
　　　　　　「奉行クラウド」登場

Chapter 3　給与奉行クラウドで
　　　　　　給与業務がこんなに良くなる！

Part 1 給与奉行クラウドの特徴とメリット

Chapter 1 給与ソフトはクラウドを選ぶ時代

近年、基幹業務ソフトのクラウド化が急速に進んでいます。給与ソフトをクラウド化するメリットとは何かをご説明します。

クラウド給与時代到来

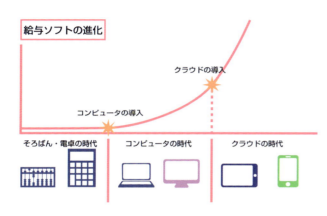

かつてはそろばんや電卓を使っていた給与業務にコンピュータが利用され、パソコン給与計算の時代が到来。給与業務は劇的に変わりました。そして、これからはこれまで以上の革命的な変化をもたらすクラウド給与の時代です。

これまでの給与ソフトでは、給与明細、源泉徴収票などたくさんの書類のやり取りが、従業員や行政機関と間で必要でした。クラウド給与ソフトは、こうした書類のやり取りをすべて電子的、自動的に行えるようにすることで、画期的な効率化を実現します。

双方向化がもたらす簡便化

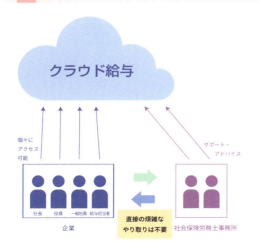

クラウド給与では、複数のユーザーが同時に入出力することが可能になり、リアルタイムで最新のデータに更新されます。繁忙期などに操作者が限られることで処理が滞るといったことはありません。

また、社会保険労務士事務所にもクラウド給与にアクセスする権限を与えて、処理の依頼をしたり、アドバイスを受ける事もできます。クラウド上でリアルタイムに最新の社員情報、給与情報を共有できるため、メールやFAXなどでの情報のやり取りは不要で、情報漏えいのリスクも大きく低減できます。

「クラウド」によるさまざまなコストダウン

保守管理の簡易化とコストダウン

企業内に蓄積した情報を守るために、セキュリティシステムを社内に導入したり、自社でサーバーを持ってそこにシステムを組んでいこうとすると、莫大な予算がかかります。クラウド化はそれを安価にするだけでなく、セキュリティに関しても、より安全で堅牢なシステムを使う事が可能になります。それはクラウドサービスを提供している開発会社が担保してくれるからです。

選択できるサービス

クラウドサービスでは、ユーザーが必要なサービスだけを選択することが可能です。従来の給与ソフトのように、すべての機能に余計なコストを支払う必要はありません。ユーザーが必要なサービスだけを選択して利用料を支払うため、コストが平準化しやすいという効果が期待されます。

APIでつながるビジネス

クラウドサービスでは、API（Application Programming Interface）を利用して外部サービスと連携することができます。APIはデータ連携を行う企業や行政機関が用意したプログラムのことです。

APIを利用することで、給与ソフトから様々な情報を簡単に、しかも安全に外部サービスに伝送することができるようになります。

例えば、税務署への源泉徴収票の提出が、書面の郵送ではなく、電子的に行えるようになります。現在でも、e-Taxなどを利用することで、電子的に伝送できるのですが、e-Tax用のデータを生成して、e-Taxにアクセスして伝送するといった手間がかかっていました。APIを利用することでこうした手間を省き、給与ソフトから直接伝送することができるようになります。

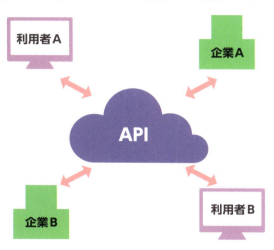

制度改正などにも自動対応

毎年多くの法改正、料率などの変更がある給与ソフトには、これまでその都度セットアップを行う手間や管理の負担がありました。クラウドであればこうした負担は一切不要で、常に法改正に対応している状態で利用でき、料率が最新のものに自動で更新されます。

ビッグデータ分析システムとの連携

クラウドに蓄積されたデータをAIが分析することは極端に難しい事例ではありません。AIを提供するAPIとクラウドシステムが連携することで、企業のビッグデータからの分析処理を自動化する事ができるのです。

Part 1　給与奉行クラウドの特徴とメリット

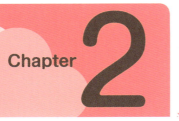

Chapter 2　バックオフィス業務プラットフォーム「奉行クラウド」登場

OBCの「奉行クラウド」は、累計56万社導入の奉行シリーズのSaaSモデルとして発売されました。幅広い業務への対応はもちろん、会計士・税理士・社会保険労務士といった専門家や金融機関、現在利用しているシステムやソリューション等、様々な業務とつながることで、安心かつ生産性の高い業務を可能とします。まずは「奉行クラウド」の特徴を見ていきましょう。

「奉行クラウド」の5つの特徴

＜特徴1＞
▶ 世界トップレベル安心のセキュリティ
…信頼性の高い「Microsoft Azure」でユーザーの大切なデータを守ります

世界トップレベルのセキュリティを誇るマイクロソフト社の「Microsoft Azure」を採用し、安心で生産性の高い業務を実現する統合業務プラットフォームとして、奉行クラウドは開発されました。それぞれのユーザーのデータは、他のユーザーのデータとは隔離された状態で安全に保管されます。また、あらゆる通信はSSLで保護され、通信経路上には、ファイアウォールおよびWebアプリケーション固有のリスクへの対応として、WAF（Web Application Firewall）を設置しています。さらに、24時間365日の運用監視に加え、定期的な脆弱診断を実施し、万全の対策を継続しています。

＜特徴2＞
▶ 圧倒的な操作性とスピード
…従来の業務を実現しつつクラウドのメリットを最大限に活用できます

「奉行クラウド」は、OBCが30年以上、奉行シリーズで培った経験に基づき、操作性・使いやすさを追求して作られています。従来の奉行シリーズと同等の操作性を実現しているので、初めてのクラウドでも戸惑うことなく業務を行うことができます。その上でさらに、自動化や学習機能など、クラウドならではの機能も搭載し、より生産性を高めるサービスの提供を実現しています。

また、高速処理を実現する「Azure SQL Database (Premium)」と、操作性と運用性を飛躍的に高める「WPF[※]」の採用により、操作性と使いやすさを高めるだけでなく、クラウドとは思えないスピードを実現しています。

※ Windows Presentation Foundation

010

Chapter 2　「奉行クラウド」登場

＜特徴3＞
つながり、ひろがるクラウドで生産性を向上
…データの共有や連携を行うことで今まで必要だった業務が不要に！

「人」や「業務」とつながることで、今までの業務の生産性は飛躍的に向上します。「奉行クラウド」はインターネットがあればいつでもどこでも操作が可能です。

● いつでもどこでも使える

クラウドサービスなので、オフィスはもちろん外出先や自宅など、時間・場所に左右されることなく利用することができます。例えば、経営者の方が出張先で経営状況を把握したいといった場合でも、帰社することなくその場で確認が可能です。また、業務担当者の在宅勤務などもできるようになります。

● 専門家とデータを共有できる「専門家ライセンス」

給与計算データを社会保険労務士に確認してもらうために、バックアップデータをその都度渡したり、給与計算帳票をFAXやメールで送って何度もやりとりするのに手間がかかるということはよくあります。
「奉行クラウド」の各製品では、顧問の社会保険労務士などの専門家に提供できる「専門家ライセンス」が1ライセンス無償で付属しています。専門家ライセンスを提供することで専門家も「奉行クラウド」を利用できるようになり、ユーザーのデータをすぐに共有できるので、今までのようなメール等での給与情報のやりとりは不要となります。

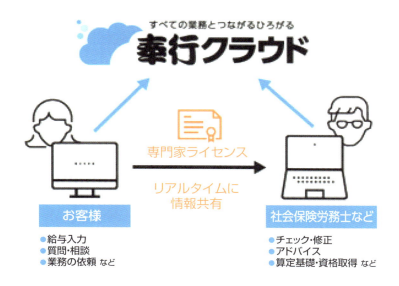

● **APIでさまざまなシステムやデータとつながり、効率化の範囲が拡大**

APIの提供により、さまざまなアプリケーションやデータと連携することで、業務の自動化など生産性の高い業務が可能となります。例えば、他システムからデータ連携をファイルで受け入れている業務は、APIでつながることで自動的に連携できるようになり、受入作業が不要となります。

参 考

APIを利用する場合は、
「奉行クラウドAPI version」をお使いください。

＜特徴4＞
▶ 制度改正などにも自動アップデートで確実に対応
…セットアップの手間が一切不要に。プログラム自動更新で常に最新

制度改正や機能追加など、常に最新プログラムに自動アップデートされるので、都度セットアップを行う手間や管理の負担は一切不要になるだけでなく、あらゆる環境変化に対応でき、将来にわたり安心して利用できます。

＜特徴5＞
▶ 万全のサポート体制で安心
…56万社の導入実績が示す充実したサポート体制

業務に精通した専任のオペレーターが、ユーザーの業務をサポートします。
電話・FAX・WEBといったさまざまな方法で問い合わせることが可能です。
特に、ユーザーと同じ画面を見ながら行うリモートサポートは、高い評価を得ています。

Chapter 3 給与奉行クラウドで給与業務がこんなに良くなる！

Part 1

「奉行クラウド」の特徴を理解したところで、さらに『給与奉行クラウド』のメリットや特徴をおさえておきましょう。

『給与奉行クラウド』は、クラウドサービスである利点をフルに活かしつつ、さらに、従来のパッケージソフトの良いところも取り込んだサービスです。幅広い給与計算業務を効率化し、つながるひろがることで更なる利便性が得られます。それでは具体的な業務ごとに、それぞれのメリットをみていきましょう。

制度改正や料率変更などに自動対応

制度改正や税率・料率の改定時には、手動でのプログラム変更や料率の再入力などは不要です。必要に応じて、自動でアップデートされ、常に正しい給与計算が行えます。

明細書配布・振込処理を効率化

給与計算後に必要となる、明細書の配布や振り込み業務を効率化します

▶ 給与明細の電子化で配布業務を自動化

『奉行 Edge 給与明細電子化クラウド』と一緒に利用することで、明細書の印刷や、封入・封かん、配付の作業をなくすことができます。Web 上で閲覧、もしくはメールで配信することができるため、オフィスだけでなく自宅や外出先などで明細書の確認ができるようになります。

▶ 明細書印刷を手間なく、きれいに

明細書を印刷して配布する場合でも、『給与奉行クラウド』専用のサプライ用品が用意されています。

▶ 煩わしい住民税の納付・届出を自動化

各市町村に納付する住民税一覧表とFBデータを自動作成できるため、チェックおよび振込業務を迅速に行うことができます。

▶ 給与賞与振込を迅速・正確に完了できる

給与振込一覧表とFBデータを自動作成できるため、チェックおよび振込業務を迅速に行うことができます。転記する必要がないため、正確に給与振込が行えます。

社会保険もここまで自動化

複雑で難しいルールが多い社会保険の手続きを迷わず簡単に、正しく行うことができます。

▶ 算定基礎届の自動作成で間違えない

給与データを自動集計し、改定後の標準報酬を自動計算します。
遡り支給や賃金カットがあっても、ミスなく算定基礎処理を行えます。

▶ 月額変更予定者を自動でピックアップ

昇（降）給月から3ヵ月間の給与データをもとに月額変更予定者を自動でピックアップします。漏れなく、スピーディにチェックが行え、月額変更の手続きを効率的に行うことができます。

▲月額変更予定者確認表

▶ 労働保険料を自動集計

面倒な確定保険料と概算保険料を自動集計し、労働保険年度更新申告書と同じレイアウトで転記内容を確認できるため、年度更新手続きを迅速に行えます。

▶ 電子申請で会社にいながら届出が完了

給与奉行から直接、電子申請から公文書のダウンロードまで行うことができます。郵送の手間や年金事務所やハローワークへ出向く手間がなくなるため、これまで社会保険の届出作業にかけていた時間を大幅に削減することができます。

Part 1 給与奉行クラウドの特徴とメリット

年に1度の年末調整計算を時間を掛けずに正確に

年末調整申告書の保険料や配偶者などの情報を入力するだけで、過不足税額を自動計算します。12月の給与(賞与)処理が済んでいなくてもデータを入力することができるため、忙しい年末調整時期の業務負荷を分散できます。

▶ 源泉徴収票をかんたん作成

マイナンバー入りの源泉徴収票を自動で作成でき、取扱履歴が自動的に記録されます。過去年度の源泉徴収票や退職者に渡す源泉徴収票も簡単に作成できます。

▶ 源泉徴収簿・賃金台帳を自動作成

月別の給与・賞与の支給額を自動集計し、源泉徴収簿および賃金台帳を自動作成します。年末調整後の確認作業に利用したり、年の途中で出力することもできます。

●制度改正対応もプログラム自動アップデートで安心

頻繁に行われる制度改正にも、プログラムが自動更新されるため、常に正しい税額や計算方法で処理することができます。源泉徴収票の最新様式にも、迅速・確実に対応できます。

▶ 年調申告書の配付・回収からデータ入力まで自動化

『奉行 Edge 年末調整申告書クラウド』と一緒に利用することで、年末調整申告書を電子化し、従業員から Web で提出を受けることで、総務担当者は申告書の配付・回収作業や給与システムへのデータ入力を自動化でき、大幅に作業時間を削減することができます。
従業員は、Web 画面上のガイドに沿って進めるだけで正しく申告ができるため、迷うことなく簡単に申告書を提出することができます。

申告書を自動で配付・回収　内容確認・訂正依頼はWebで完結　ボタンひとつでデータ連携

Part 2

導入準備

Chapter 1 導入に必要な情報と準備

Chapter 2 インストールとアンインストール

Chapter 3 メイン画面の構成

Part 2 導入準備

Chapter 1 導入に必要な情報と準備

導入時の操作、把握すべき情報について説明します。

『給与奉行クラウド』導入の流れ

『給与奉行クラウド』に限らず、給与ソフトを導入する際には、基本的に踏まえておかなければならない事項がいくつかあります。たとえば、いつから『給与奉行クラウド』を使用して給与計算業務を始めるべきか、給与計算を行う前に必要となる導入準備作業にはどんなものがあるのか、などです。
コンピュータを使って給与計算を行うからといって、インストールすればすぐに給与計算ができるというわけではありません。導入段階では、操作に慣れていないこともあり、簡単なミスが発生しやすく、また時間もかかってしまうものです。給与計算までに必要な作業を確認した上で、まずは『給与奉行クラウド』を導入するまでの計画を立てておくとよいでしょう。

＜動作環境＞

項　目	説　明
日本語OS	Windows 10 ／ Windows 8.1 ／ Windows 7（Service Pack 1 以降）
対応ブラウザ	Internet Explorer 11／Microsoft Edge／Chrome
インターネット接続回線	光回線を推奨
必要なソフトウェア	.NET Framework 4.6.1 以降
周辺機器等	上記OSに対応した、ディスプレイ・マウス・キーボード・日本語変換システム
解像度	1366×768 以上を推奨

また、クラウドソフトである『給与奉行クラウド』は、Winodws 7（Service Pack1）以降のOSがインストールされているパソコンで、インターネット接続されているものならどの環境でも使用することができます。複数人での給与データの入力を行うということも可能ですし、社会保険労務士などとリアルタイムにデータを共有して利用することもできます。

導入のタイミング

『給与奉行クラウド』の運用を開始する場合、いつからどのように導入するかを明確にしておくことが最も重要となります。導入をスタートする時点を決めることで、必要となる導入作業及び導入スケジュールが明確になってくるでしょう。
また、実際に給与データを入力する場合のルールを決めておくことで、給与計算処理上の混乱を防ぐことができます。

運用を開始する日は、必ずしも年初である必要はありません。年末調整には1年分の給与データが必要なので、年初からの運用開始と考えてしまいがちですが、年初から運用するには導入を前年に行わねばならず、導入や並行稼働期間が年末調整のタイミングと重なってしまい、導入作業に時間を割けないことも考えられます。

『給与奉行クラウド』では、年の途中から導入しても、年末調整に必要な導入以前の給与データを後から入力し、年末調整に対応できるようになっています。導入時期は、実際の業務との兼ね合いも考え、社会保険業務や年末調整業務がない比較的業務の落ち着いている時期を選ぶことをお勧めします。

参 考　並行稼動（パラレルラン）について

新システムの導入にあたり、最初は操作に不慣れであることや新システムで正しく記帳されているかどうかの確認が必要であることなどから、従来の方法と新システムによる処理とを並行して進めるといった導入方法もあります。これを並行稼働（パラレルラン）と呼んでいます。
この並行稼働期間は二重に給与計算をすることになるため、入力や記帳などで多少のロスが生じますが、新しい処理方法で従来どおりの処理結果が得られるかどうかをテストし、確認することができるというメリットがあります。

Part 2 導入準備

導入計画のイメージ

たとえば導入時期を年初、運用開始を4月とした場合の導入計画に関して、タイムスケジュールを作成してみましょう。下記にタイムスケジュールの参考例を記載しておきます。

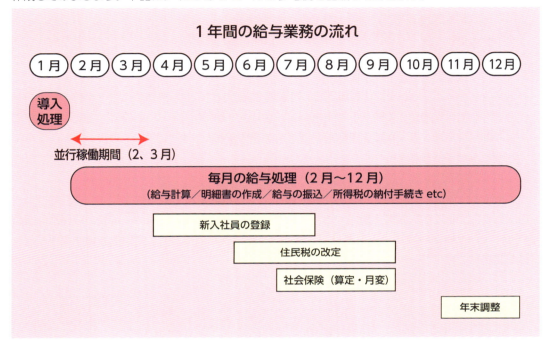

上記の例では、賞与、年末調整、新入社員対応、社会保険などの業務がない1月から3月を導入、並行稼働期間としていますが、会社によって、繁忙期は様々です。自社の状況を分析して、比較的業務が落ち着いている期間はいつか十分に検討したうえで、導入時期を決定することがスムーズな導入に大切なことです。

また、導入や並行稼働に必要な期間も、会社の状況によって様々です。これらの期間についても、会社の実態に合った期間設定をお勧めします。

Chapter 1　導入に必要な情報と準備

導入処理に必要な基礎資料

『給与奉行クラウド』を導入するにあたり、給与処理に必要となる情報を登録することになります。導入処理の入力・設定を行う時には、下記の資料を用意するようにしましょう。

資　料	登録する情報
①組織規程	部門、役職、職種、勤務地など
②休暇規程	休暇に関する情報や有給休暇の管理方法など
③給与賞与規程	給与・賞与全般、支給項目ごとの計算式など
④社会保険情報	健康保険、厚生年金に関する情報など
⑤労働保険情報	労災保険、雇用保険に関する情報など
⑥取引銀行の情報	給与や住民税の振込先となる銀行などの情報など
⑦市町村の情報	住民税を納付する市町村の情報など

導入処理の流れ

導入処理とは、給与計算に必要となるさまざまな情報を登録することです。導入処理では、『給与奉行クラウド』で給与データを入力する直前の段階までのデータを用意することになります。具体的に導入処理を行う前に、ここで『給与奉行クラウド』における導入処理の流れを確認しておきましょう（詳細はP37）。

Part 2

Part 2 導入準備

Chapter 2 インストールとアンインストール

『給与奉行クラウド』のインストールとアンインストールの手順を確認しましょう。

▎インストール

『給与奉行クラウド』を購入すると、「奉行クラウドを起動するまでの手順書」が同梱されています。手順書に従って操作することで、誰でも簡単にインストールすることができます。

▶ インストールと利用開始までの流れ

①登録番号カードを準備し、ライセンスキーを発行

②利用開始の申し込みを行う（OBCiD を設定）

③ソフトウェアのダウンロードと起動を行う（システム起動時のパスワードを設定）

④ソフトウェアのガイダンスに従って、各種入力を行う

注意

複数の担当者で『給与奉行クラウド』を利用する場合や、自宅・会社のPCにそれぞれインストールする場合は、利用するPCごとにインストールを行う必要があります。

Chapter 2　インストールとアンインストール

インストール完了後、デスクトップに「奉行クラウド」の のアイコンが自動的に表示されます。

Part 2

アンインストール

これまでの奉行シリーズでは、アンインストールすると、それ以前に使用していた会社データも削除されましたが、奉行クラウドでは、契約を終了するまでクラウド上にデータが残ります。
また、担当者が変更になった場合やPCを新しくした場合なども、継続して同じデータを利用することができるため、引継ぎも簡単に行えます。

 アンインストールの流れ

①Windowsの[スタートボタン]をクリックします。
　表示されたスタートメニューから、[奉行クラウドツール]-[奉行クラウドアンインストール]を選択します。

②表示された[奉行クラウド]画面の『給与奉行クラウド』のチェックボックスをチェックして、[OK]ボタンをクリックします。

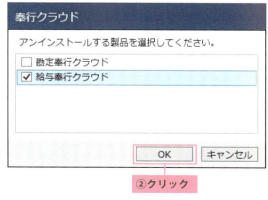

023

Part 2 導入準備

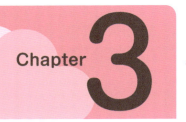

メイン画面の構成

『給与奉行クラウド』起動時に表示されるメイン画面について理解していきましょう。

①メニュー一覧　②ツールバー　③お気に入り　④ダッシュボード

①メニュー一覧
『給与奉行クラウド』のメニューの一覧です。ここから導入時の設定や、各種業務を行っていきます。

②ツールバー（→ P28）
管理者設定やメイン画面のカスタマイズができる設定メニュー、ヘルプなど、『給与奉行クラウド』を利用する全体的な設定のメニューが配置されています。

③お気に入り（→ P31）
よく利用するメニューを追加登録するなど、表示内容をカスタマイズすることができます。

④ダッシュボード（→ P32）
日常業務のステータスを一目で把握することができます。

起動と終了

▶ 「奉行クラウド」の起動（ログイン）

①デスクトップの [アイコン] のアイコンをダブルクリックし、ログイン画面を表示します。

②利用者IDにあたる「OBCiD」とパスワードを入力し、[OK]ボタンをクリックしてログインします。

▶ 終了

①メイン画面左下の [終了] ボタンをクリックします。

②「奉行クラウド」が終了し、自動的に画面が閉じられます。

※「奉行クラウド」画面右上の [－ □ ×] ボタンをクリックしても、画面を閉じることができます。

奉行クラウド製品の切り替え画面

奉行クラウド製品を複数ご利用いただく場合、以下のように切り替えてご利用いただくことが可能です。

▶ サービス選択

①画面左上の ▦ ボタンをクリックすると、「サービス選択画面」が表示されます。

②利用できるサービス（製品）が表示されます。
ここから利用したいサービスを切り替えることができます。

③「サービス選択画面」を閉じるには、▦ ボタンをクリックするか、 ボタンをクリックします。

①クリック

Part 2 導入準備

『給与奉行クラウド』のメインメニュー

画面左側には、『給与奉行クラウド』で利用するメニューが表示されます。
ここから操作する各メニューを選択します。

▶ [法人情報] の各メニュー

導入時に初期設定するメニューが集約されています。
「法人情報」をはじめ、組織規程・休暇規程・給与規定などの様々なマスター情報をここで設定していきます。

▶ [社員情報] の各メニュー

社員の情報を登録・管理します。
また、休職または退職となった場合も、ここで設定します。

▶ [給与賞与] の各メニュー

給与データや賞与データの入力から明細書の印刷までを行います。
それぞれのデータを入力すると、所得税や総支給金額などが自動的に計算されます。

Chapter 3　メイン画面の構成

▶ ［社会保険］の各メニュー

月額変更や算定基礎の入力から届出書の作成・提出などを行います。
給与データに基づいて、標準報酬や保険料が自動的に計算されます。

▶ ［年末調整］の各メニュー

年末調整のデータの入力から年末調整の計算、還付金処理、源泉徴収票の印刷などを行います。
税制度などの改正があればプログラムが自動更新されるため、正しく年末調整を行うことができます。

▶ ［労働保険］の各メニュー

労働保険概算や確定保険料申告書資料の作成などを行います。
労働保険申告書や離職証明書などの資料が自動的に作成されます。

Part 2 導入準備

ツールバー

メイン画面右上の「ツールバー」の各アイコンには、システム関連や利用者関連の設定が集約されています。

▶ 汎用データ

法人情報・社員情報・給与賞与・社会保険・年末調整などのデータの作成と受入を行うことができます。

※各メニューからも、データの作成と受入を行うことができます。

▶ 設定

[運用設定] メニュー
暦表示や、マスターの社員番号や部門コードなどの桁数の設定、扶養の自動計算をする・しないなど、運用の基本となる情報を設定します。

[休日] メニュー
自社の休日の設定を行います。「有休付与日数」などに影響します。

[帳票別プリンタ設定] メニュー
各帳票を印刷する際のプリンタの設定を、一覧画面で条件別に設定することができます。全利用者で共通プリンタを設定するか、利用者ごとに別々のプリンタを設定するかを選択することもできます。

セキュリティ

管理者の使うメニューが集約されています。複数人で利用する場合、管理者以外は見ることができないように、メニュー権限でこの中のメニューを開けないようにすることができます。

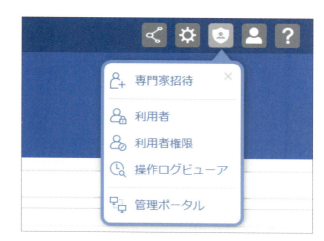

[専門家招待] メニュー
　社労士などの専門家とデータを共有する場合に利用します。

[利用者] メニュー
　複数の担当者で『給与奉行クラウド』を利用する場合に、利用者を追加することができます。
　『給与奉行クラウド』では、同じアカウントで複数の PC から同時にログインすることはできません。複数人で利用する場合は、必ずここから利用者を登録するようにしましょう。

[利用者権限] メニュー
　複数の担当者で利用する場合に、担当者ごとに参照できる社員の部門や役職、個人番号の取り扱いなどを制限することができます。

[操作ログビューア] メニュー
　いつ・誰が・どの処理を行ったかの操作した履歴を確認できます。

[管理ポータル] メニュー
　パスワードポリシーやログイン情報など、主にセキュリティ関連の設定を参照・修正する際に利用します。複数人で利用する場合は、利用者ごとにメニューの表示・非表示を設定することもできます。

Part 2 導入準備

▶ 個人設定

ログインするためのパスワードの設定や、画面のフォントなど、個人の設定が集約されています。
[お気に入り]メニューから、よく利用するメニューを追加登録することができます（→ P35）。

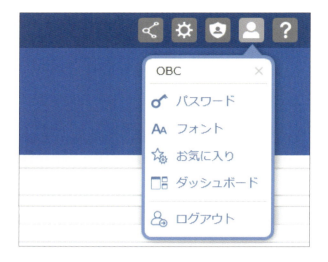

▶ ヘルプ

サービスのヘルプやバージョン情報などを確認することができます。

[ヘルプ]メニューをクリックすると、別画面が表示され、『給与奉行クラウド』を活用するためのヒントや手順、よくある質問などを確認することができます。
知りたいことや確認したいことは、「導入」や「社員管理」「給与賞与」など、目的から探すことができます。

また、[検索ボックス]にキーワードを入力して、その機能や解説などを探すこともできます。

Chapter 3　メイン画面の構成

お気に入り

よく利用するメニューは、「お気に入り」に追加登録することにより、ワンクリックで起動でき、すぐに利用できるようになります。

▶ [お気に入り] に追加

よく利用するメニューを、「お気に入り」に追加してみましょう。

① [ツールバー] - [個人設定] - [お気に入り] をクリックし、[お気に入りの編集] を表示します。

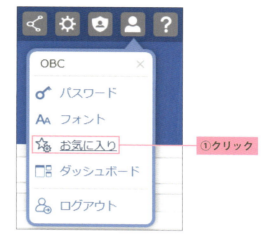

② メニュー一覧から、[お気に入り] に追加したい項目を選択し、任意の位置へドラッグアンドドロップしてボタンを追加します。

※ 追加したい項目をクリックしても、ボタンを追加登録することができます。この場合は、並びの右端にボタンが追加されます。

③ [編集終了] ボタンをクリックし、[お気に入りの編集] を閉じます。

ここがPOINT♪

『給与奉行クラウド』を使い始めて、使い慣れてきたら徐々によく利用するメニューを「お気に入り」に追加して、自身が使いやすいようにカスタマイズしていきましょう。
並び替えや、削除も以下の操作で行えます。

・**お気に入りメニューの順番を並び替える**
　移動したいお気に入りメニューにマウスポインタを合わせ、
　移動先へドラッグします。

・**お気に入りメニューから削除する**
　削除したいお気に入りメニューの右上の×をクリックします。

Part 2 導入準備

ダッシュボード

中央の「ダッシュボード」には、担当者が業務を行ううえで必要な情報が集約されています。
社員数の利用状況や給与・賞与の処理状況などの、業務を行ううえで重要度の高い情報が表示されているので、必要な情報をすぐに確認することができます。
「ダッシュボード」は、次のカードから構成されています。

①お知らせ
製品のアップデート情報や、OBCからのお知らせ・お役立ち情報のトピックなどの、最新の情報を確認することができます。

②導入状況
運用前の設定がどこまで行われているか、作業の進捗状況を把握することができます。〔導入状況の確認〕をクリックすると、他にどんな設定が必要か、次にやることは何かなど、設定の流れを確認することができます。

③処理状況
現在処理している処理年、給与処理月、賞与処理回が表示されます。

④利用状況
登録されている社員数や、在籍社員数や休職社員数などの内訳が表示されます。

Chapter 3　メイン画面の構成

ここがPOINT♪

ダッシュボードのカードの位置を、カスタマイズすることができます。

①[ツールバー] -[個人設定] -[ダッシュボード] をクリックし、[ダッシュボードの編集] を表示します。

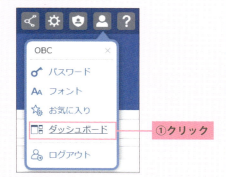

②ドラッグアンドドロップでカードを移動します。

③[編集終了] ボタンをクリックし、[ダッシュボードの編集] を閉じます。

Part 3

【導入時】

基本データの登録

Chapter 1　導入時に知っておきたいこと

Chapter 2　法人情報を確認・変更する

Chapter 3　会社の組織情報を登録する

Chapter 4　有給休暇を管理する

Chapter 5　給与規定の設定を行う

Chapter 6　社会保険・年末調整・
　　　　　労働保険関連の設定を行う

Chapter 7　振込元となる銀行を登録する

Chapter 8　電子申請をするための事前設定を行う

Part 3 【導入時】基本データの登録

導入時に知っておきたいこと

まずは、『給与奉行クラウド』の導入時にどのような流れで設定を行っていけばよいか、全体の流れを把握しましょう。

いつから『給与奉行クラウド』を始めるか？

導入年の年末調整の計算や、各種資料をどのレベルまで利用できるかに関わります。
きちんとヒアリングしておきましょう。

スタート
導入年の賃金台帳を1年分出力できるようにしたいか？

→ Yes → **ゴール 1**
導入年の1月から社員ごとに給与・賞与データを移行する必要があります。

- 利用メニュー
  ・給与処理
  ・給与一括処理
  ・給与データ受入

●管理資料はすべての資料が1年分利用できます。
●年末調整の計算も正しく行えます。

↓ No

導入年の年末調整を『給与奉行クラウド』で行うか？

↓ No → **ゴール 2**
稼働スケジュールをもとに、社員ごとの給与データを入力します。

- 利用メニュー
  ・給与処理
  ・給与一括処理

●各月の管理資料はデータ入力した月から利用できます。
●年末調整は正しく行えません。

→ Yes → **ゴール 3**
①稼働スケジュールをもとに、社員ごとの給与データを入力します。

- 利用メニュー
  ・給与処理
  ・給与一括処理

②別途、各月で入力される前までの給与・賞与の合算金額を奉行に入力する必要があります。

- 利用メニュー
  ・社員情報（中途入社情報）
  ・給料等調整一括入力
  ※CSV受入可

●各月の管理資料はデータ入力した月から利用できます。
●年末調整は正しく行えます。

Chapter1　基本データの登録

『給与奉行クラウド』導入の流れ

給与業務の日常処理をする前に、会社の基本的な情報や使用する給与明細の項目、部門情報などを登録したり、給与を支給する社員の登録などを行います。大まかな流れは、次のとおりです。

1　運用に関する設定を行う　⇒ P39「法人情報」　⇒ P41「運用設定」

法人情報を設定し、処理年や暦表示に関する基本情報や、社員番号や部門コードの桁数、家族手当支給区分などのマスターなどを設定します。

2　組織規程を登録する　⇒ P42「組織規程」

組織規程に従って、部門を登録し、さらに階層を設定します。また、組織規程に従って、社員の役職・職種・勤務地などを登録します。

3　休暇規程を登録する　⇒ P48「休暇規程」

休暇規程に従って、休暇に関する情報の設定や有給休暇の管理方法に関する情報などを登録します。

4　給与規程を登録する　⇒ P54「給与規程」

給与規定に従って、給与・賞与全般に関する情報を設定し、給与体系の登録や、残業手当・減額金に関する情報を設定。また、給与・賞与の支給控除項目ごとに計算式を登録します。

5　社会保険の情報を登録する　⇒ P79「社会保険」

社会保険全般に関する情報を設定し、健康保険に関する情報や厚生年金に関する情報などを設定します。

6　労働保険の情報を登録する　⇒ P89「労働保険」

労災保険や雇用保険に関する情報を設定し、事業区分ごとに労災保険や雇用保険の情報を登録します。

7　取引銀行を登録する　⇒ P92「取引銀行」

給与や住民税の振込元となる法人口座を登録します。振込手数料を確認したい場合は、銀行ごとに登録します。

8　電子申告の設定を行う　⇒ P96「電子申請」

電子申請をするための電子証明書の取得など、事前設定を行います。

Part 3

Part 3 【導入時】基本データの登録

導入の設定状況を確認する

『給与奉行クラウド』の初回ログイン時には、［導入状況］画面が表示されます。この画面には、P37で記載した導入の流れが表示されているので、この順番に沿って設定していくことで、導入に必要な設定はすべて入力・登録することができます。また、設定を中断し、その後再開する場合は、［ダッシュボード］の「導入状況」カードから作業を続行するすることができます。

クリック

［導入状況の確認］をクリックし、［導入状況］画面を表示して、導入に必要な内容の確認や設定を行うことができます。

ここが POINT♪

本書では次ページ以降、メニュー一覧から起動する方法を案内していますが、［ダッシュボード］-［導入状況の確認］を選択し、表示される［導入状況］画面の各リンク（青い文字）をクリックしても、同じメニューが起動します。どちらの手順でも同じ設定が行えますので、操作しやすい方法を選択してください。

Chapter2　法人情報を確認・変更する

法人情報を確認・変更する

給与奉行クラウドを利用する上で、基本となる情報を登録します。基礎的な内容になるので、内容を確認しながら登録していきましょう。

法人情報

会社名や住所など、会社に関する情報を入力します。

①メニュー一覧の[法人情報]から、[法人情報]-[法人情報]メニューを選択します。

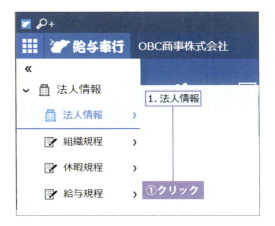

②[法人情報]画面が表示されます。会社の名称や住所、電話番号などを入力・確認し、[登録]ボタンをクリックします。

Part 3 【導入時】基本データの登録

ここがPOINT♪

「郵便番号」欄に郵便番号を入力すると、[郵便番号検索]ボックスが表示されます。
該当する住所が検索・表示されるので、住所の入力を省略することができます。

 参 考　法人情報が印字される帳票について

法人情報の内容は給与奉行から出力する各種書類に印字されますので、必ず正しい情報を入力するようにしましょう。

- **法人番号**・・・給与支払報告書
- **法人名**・・・給与(賞与)明細書への印字や、各種書類への印字など
- **その他住所など**・・・社会保険や年末調整における各種書類への印字など

Chapter2 法人情報を確認・変更する

運用設定

処理年や暦表示に関する基本情報や、社員番号や部門コードの桁数、家族手当支給区分などを設定します。後から変更することも可能ですが、一度設定してしまえば変更することは多くないので、初回起動時に設定することをおすすめします。

①ツールバーの［設定］アイコンから、［運用設定］メニューを選択します。

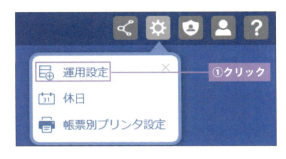

②[運用設定]画面が表示されます。[基本]ページでは、「処理年月」の設定や、西暦・和暦の選択が行えます。

③［マスター］ページでは、社員番号や部門コードの桁数、時間の表示・入力方法、扶養の自動計算、振込先設定数、家族手当支給区分などを設定します。

　※振込先設定数は、各従業員の給与の振込先銀行を最大いくつまで許可するかを設定します（最大4行まで設定可能）。

Part 3 【導入時】基本データの登録

Chapter 3 会社の組織情報を登録する

会社の組織体系や、社員の職種・役職等のマスターを登録する方法について説明します。これにより部署ごとの集計などが行えます。

部門と組織体系の関係

『給与奉行クラウド』では、「部門」と「組織体系」というマスターの設定があります。
ポイントは、登録したそれぞれの部門を[組織体系]メニューで組織として追加しないと給与奉行上で部門として利用できないということです。

部門を登録したら、必ず[組織体系]メニューで追加することをセットで行うようにしましょう！

組織体系

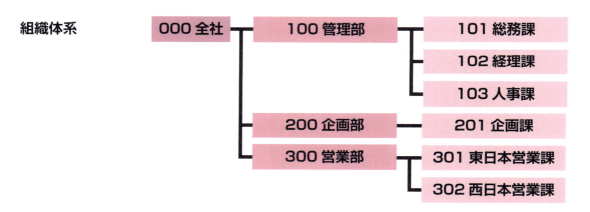

ここがPOINT♪

今後部門が新設されることもふまえて、管理しやすい部門コードにしましょう。
例) 部署ごとに100番台の数字を変えて、課ごとに数字を増やしていく
100：管理部
　　└101：管理部　総務課
　　└102：管理部　人事課
200：営業部
　　└201：営業部　第一営業課
　　└202：営業部　第二営業課

Chapter3 　会社の組織情報を登録する

部門を登録する

部門を登録します。
組織図名は、「組織体系」を登録する際の要素となりますので、いわゆる「組織図」の階層構造をイメージしながら操作するとよいでしょう。

①メニュー一覧の[法人情報]から、[組織規程]-[部門]メニューを選択します。

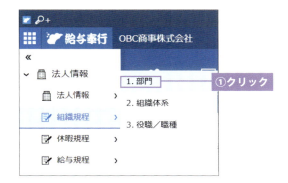

②[部門]画面が表示されます。
新規に登録するコード・名称を入力して、[登録]ボタンをクリックします。

※部門名と組織図名の違いは次ページの参考をご確認ください。

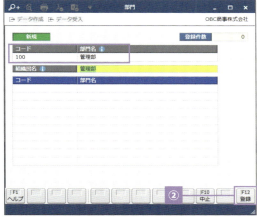

③すべての部門の入力が終了したら、[閉じる]ボタンをクリックします。

※登録した内容を変更する場合は、該当する部門・コードを選択し、画面下部に表示される[削除]や[修正]などのボタンをクリックします。

参考　部門名と組織図名の違い

■**部門名**……賃金台帳などの各種資料に表示されます。
「営業部　東日本営業課」など階層が分かるように登録しましょう。

■**組織図名**……部門の検索時に表示されます。
以下の画面のように部門が階層で表示されるので、親階層を含めずに「東日本営業課」と登録しましょう。

Chapter3 　会社の組織情報を登録する

組織体系に登録した部門を追加する

登録した部門を、会社の組織体系として登録します。部門を追加した場合は、この組織体系メニューで、必ず組織に追加する必要があります。

①メニュー一覧の[法人情報]から、[組織規程]-[組織体系]メニューを選択します。

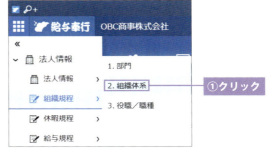

②[組織体系]画面が開きます。
「部門リスト」から組織体系に追加する部門を選択し、[←追加]ボタンをクリックします。
※上位の階層（例：○○部）から追加していくと、操作しやすいです。

③次の階層（例：○○課）を追加します。
「組織体系」の該当するフォルダを選択し、「部門リスト」から該当する部門名を選択して、[←追加]ボタンをクリックします。
例：「組織体系」の「管理部」へ「部門リスト」の「管理部　総務課」を追加

④同様の手順で、次の階層（例：○○係）をそれぞれ追加します。
例：「組織体系」の「総務課」へ「部門リスト」の「管理部　総務課　秘書室」を追加
※追加したい階層の部門が複数ある場合は、[Ctrl]キーを押しながら部門をクリックすると、複数の部門を一度に選択して、追加が可能です。

⑤追加したら[登録]ボタンをクリックします。
すべての部門の追加が終了したら、[閉じる]ボタンをクリックします。

Part 3 【導入時】基本データの登録

▶ 役職／職種

役職の名称や勤務地などを登録します。登録した項目は、[社員情報]メニューの各社員に紐づけることで、管理資料で役職ごとや、勤務地ごとの集計ができるようになります。

①メニュー一覧の[法人情報]から、[組織規程]-[役職／職種]メニューを選択します。

②[役職／職種－区分種類選択]画面が表示されます。登録する区分を選択して[画面]ボタンをクリックします。
　※今回は[勤務地]で説明しますが、他の区分の登録も操作方法は同様です。

③[役職／職種]画面に切り替わります。「コード」欄に任意のコードを入力し、「名称」欄に登録する勤務地を入力して、[登録]ボタンをクリックします。

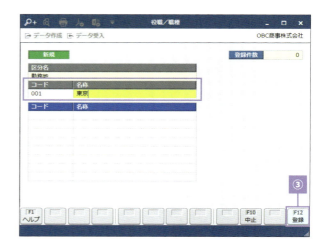

Chapter3　会社の組織情報を登録する

④すべての勤務地の登録が終了したら、[閉じる] ボタンをクリックします。

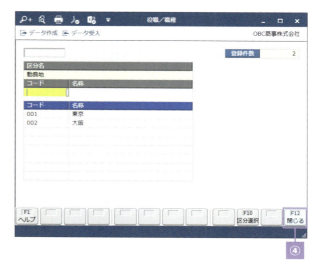

ここがPOINT♪

[役職/職種] メニューの登録は必須ではありませんが、登録して社員に紐づけしておくことで、どこにどのような人がいるのかを管理することができます。
今まで役職別や職種別に管理資料を集計していた人は、ここで集計したい単位で内容を登録しましょう。

※役職だけは、「役職区分」という項目があります。これにより労働保険の従業員区分、労災保険、雇用保険の計算有無を自動判定してくれます。

Part 3 【導入時】基本データの登録

Chapter 4 有給休暇を管理する

『給与奉行クラウド』で、有休や代休の管理をする場合の設定について説明します。
＜準備するもの＞・・・就業規則などの社内規定

休暇基本設定

①メニュー一覧の[法人情報]から、[休暇規程]-[休暇基本設定]メニューを選択します。

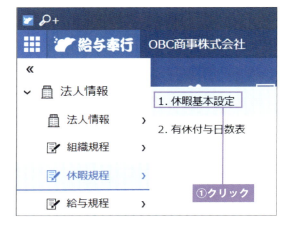

②[休暇基本設定]画面が表示されます。各ページを開いて、有給休暇・代替休暇・休暇換算をそれぞれ設定します。

048

Chapter4　有給期間を管理する

▶ [有給休暇] ページ

有休休暇の付与や繰越、前貸しなどに関する設定を行うページです。

項　目	説　明
有休の付与および残管理	[給与処理] メニューで、有給休暇の付与や残管理を行う場合は、「給与奉行クラウドで管理する」を選択します。
勤怠締月	例：毎年4月に有休を付与する場合 「勤怠締月」に「3月」を指定します。
有休残の繰越	有休の残日数が残った場合に、翌年に繰り越すかを選択します。
最高付与日数	有休の付与日数の最高限度を入力します。 ※正社員とパート社員で最高付与日数が異なる場合は、[有休付与日数表] メニューから、有休付与日数表ごとに変更することができます。
有休消化順序	有休を前年度繰越日数から消化するか、当年に付与した有休日数から消化するかを選択します。
有休の前貸し	有休残が足りない場合に、有休の前貸しを行うかを選択します。 【参考】 ●「しない」／「する（警告なし）」の場合 ⇒ [給与処理] メニューで足りない有休日数が、有休残にマイナスで表示されます。 ●「する（警告あり）」の場合 ⇒「有休残が足りません。」のメッセージが表示されます。
有給休暇の時間単位付与	時間有休休暇を許可するかを選択します。 許可する場合、「上限日数」には、時間単位で有休を付与する場合の1年間の上限の日数を入力します。

▶ [代替休暇]ページ

代替休暇の管理などに関する設定を行うページです。

項目	説明
代替休暇項目	月の残業時間が60時間を超えた場合に、代替休暇項目を使用して管理するかを選択します。 【参考】正社員とパートなどで代替休暇を付与するかが異なる場合は「使用する」を選択し、[給与体系]メニューから給与体系ごとに変更することができます。
代替休暇の付与および残管理	[給与処理]メニューで、代替休暇の付与や残管理を行う場合は、「給与奉行クラウドで管理する」を選択します。

▶ [休暇換算]ページ

休暇の換算時間や端数処理などに関する設定を行うページです。

項目	説明
休暇換算時間	1日分の休暇を時間に換算した場合の時間数を入力します。 【参考】社員ごとに休暇換算時間が異なる場合は、[社員情報]メニューの[休日・休暇]ページから変更することができます。
休暇換算端数処理	1日分に満たない時間がある場合の、端数処理を設定します。 例：休暇換算時間が7時間で有休残日数が2.5日の場合 　有休残を時間にすると17.5時間（7時間×2日+3.5時間）となり、0.5日分である3.5時間の端数処理を設定します。 「切り上げ」の場合は18時間、「切り捨て」の場合は17時間になります。

Chapter4　有給期間を管理する

有給付与日数表

有休休暇を付与する日数や付与方法を設定していきます。正社員やパート社員などで有休の付与方法が異なる場合は、複数の有休付与日数表を登録できます。

①メニュー一覧の[法人情報]から、[休暇規程]-[有給付与日数表]メニューを選択します。

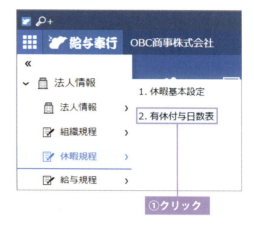

②[有給付与日数表]画面が表示されます。「コード」と「有休付与日数表名」を入力します。

各タブ（ページ）を開いて、付与日数表や繰越・消化をそれぞれ設定します。

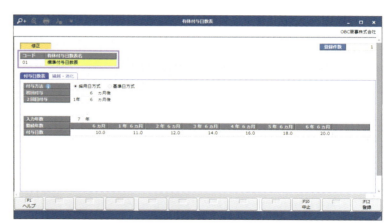

有休付与日数表の設定には「採用日方式」と「基準日方式」があります。次ページで、それぞれの設定例を見ていきましょう。

Part 3 【導入時】基本データの登録

▶ 有休付与日数表の設定例

有休付与日数表には、「採用日方式」と「標準日方式」があります。

「採用日方式」を使用する場合の例

- 入社してから継続勤務月数が6ヵ月経過した場合に有休付与される（10日）。
- 有休残の繰越は2年が上限。有休は前年度繰越分から消化される。
- 最高付与日数は40日が上限。
- 入社してから継続勤務年数が1年〜2年の場合は有休日数が1日加算され、それ以降は2日ずつ加算される。

この場合は、[有休付与日数表]メニューで以下のように設定します。

[付与日数表] ページ	
付与方法	採用日方式
初回付与	6ヵ月後
入力年数	7
[繰越・消化] ページ	
最高付与日数	40.0
有休残の繰越	する（2年）
有休消化順序	繰越分から消化

《[有休付与日数表]メニューの[付与日数表]ページ》

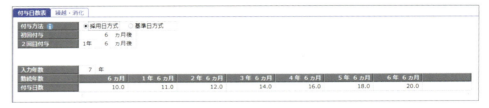

《[有休付与日数表]メニューの[繰越・消化]ページ》

Chapter4　有給期間を管理する

「基準日方式」を使用する場合の例
- 毎年4月に有休付与される。
- 入社時点で有休残日数は10日。
- 有休残の繰越は2年が上限。消化は付与分から消化される。
- 最高付与日数は40日が上限。
- 入社してから継続勤務年数が1年～2年の場合有休付与日数が1日加算され、3年～6年の場合は2日加算される。

この場合は、[有休付与日数表]メニューで以下のように設定します。

[付与日数表]ページ	
付与方法	基準日方式
付与月	4月
基準日前の付与	しない
入力年数	6
[繰越・消化]ページ	
最高付与日数	40.0
有休残の繰越	する（2年）
有休消化順序	付与分から消化

《[有休付与日数表]メニューの[付与日数表]ページ》

《[有休付与日数表]メニューの[繰越・消化]ページ》

参考

勤続年数が1年に満たない場合で、入社後の継続勤務月数により、基準日前に有休付与をする場合は、基準日前の付与で「する」を選択し、入社後の継続勤務月数を入力します。

給与規定の設定を行う

給与処理に関わる基本設定や、給与明細書の各項目の設定など、給与処理に関係する設定について説明していきます。
給与処理をする上で非常に重要な設定が多くあるため、必ず確認しましょう！

給与規程では、給与明細書および賞与明細書に印刷される勤怠項目・支給項目・控除項目等の設定を行います。ここで設定した項目が、給与データ入力時に入力できる項目となり、入力および計算された結果が明細書に印刷されます。

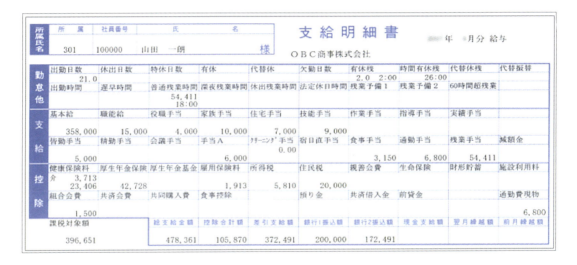

就業規則などの社内規定を準備して、間違えないように注意しましょう！

Chapter5 給与規定の設定を行う

給与基本設定

給与支給日や勤怠締月など給与処理に関わる基本的な設定を行うメニューです。

①メニュー一覧の[法人情報]から、[給与規程]-[給与基本設定]メニューを選択します。

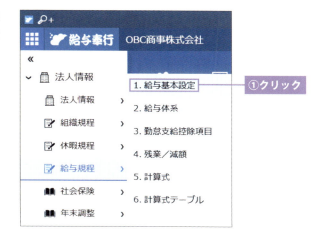

②[給与基本設定]画面が表示されます。
P56の各項目の説明を見ながら[基本]ページの内容を設定していきましょう。

※[給与予備月]ページは導入時点で設定する必要はありません(詳細は、P58の[給与予備月]ページをご参照ください)。

Part 3 【導入時】基本データの登録

▶ [基本] ページ

項　目	説　明
給与支給日	給与支給日を入力します。 ※正社員やパート社員などによって支給日が異なる場合は、[給与体系] メニューで、あとからそれぞれ指定することができます。
勤怠締日	勤怠締め日を入力します。
給与体系	給与体系を複数登録する必要があるかを指定します。 例えば、正社員とパート社員で支給日や勤怠締日・明細書の項目名などが異なる場合は、「使用する」を選択することで、複数の給与体系が登録できるようになります。 ※詳細は下の「ここが Point ♪」をご確認ください。
端数調整金額	給与や賞与の支払の際に、端数調整する場合は、端数とする調整金額を入力します。 　例：給与・賞与の支払の際に、1,000円未満の端数を翌月に繰り越す場合「1000」と入力します。
所得税の計算	給与所得に対する甲欄の源泉徴収税額の計算方法を選択します。 【参考】 「機械計算」を選択した場合は、財務省告示による「月額表の甲欄」の税額の機械計算の特例を使用します。
年末調整精算月の所得税計算	年末調整の際に、精算月の所得税を含めて源泉徴収税額を計算する場合は「省略しない」を、精算月の所得税を含めないで源泉徴収税額を計算する場合は「省略する」を選択します。 ※詳細は右ページの「参考」をご確認ください。
過不足税額の計上場所	「年末調整精算月の所得税計算」が「省略する」の場合に、過不足税額を給与明細のどこに計上するかを選択します。 ※詳細は右ページの「参考」をご確認ください。

ここが POINT ♪

給与体系を分けるべきかは以下の項目で判断しましょう！
以下が1つでも異なる場合は、「給与体系」項目を「使用する」に設定します。

☐ 賃金の計算期間や支給日は異なるか
☐ 給与明細書に載せる項目は異なるか
☐ 残業代の算出方法（割増率）は異なるか
☐ 同じ項目に組む計算式は異なるか
☐ 保険料の徴収区分（前月徴収など）が異なるか

Chapter5　給与規定の設定を行う

参　考　　所得税の精算月が12月の場合

・年末調整精算月の所得税計算が「省略しない」の場合

①12月分給与（賞与）の所得税が表示されます。
②12月分の所得税を加味した過不足税額が表示されます。

・年末調整精算月の所得税計算が「省略する」かつ過不足税額の計上場所が「所得税欄」の場合

③12月の所得税は省略され、所得税欄に年末調整による過不足税額が表示されます。

・年末調整精算月の所得税計算が「省略する」かつ過不足税額の計上場所が「過不足税額欄」の場合

④12月の所得税は省略され、過不足税額欄に年末調整による過不足税額が表示されます。

注　意

「年末調整精算月の所得税計算」項目で、「省略する」を選択した場合は、12月分給与（賞与）の所得税は、年末調整を計算すると省略されるため、確認できなくなります。12月分の給与（賞与）処理を行ったタイミングで、［勤怠支給控除一覧表］メニューなどの管理資料で所得税を印刷しておくことをおすすめします。

▶ [給与予備月] ページ

●予備月とは？
「予備月」とは12ヵ月分の給与の他に、予備として給与処理を行うことができる月のことです。
支給日の変更に伴い、3月に2度の給与支給がある場合などに予備月を使用します。

※「予備月」は必ず使用するものではありません。必要になったタイミング使用してください。
※「予備月」で処理した内容については、通常の給与処理と同様に明細書印刷や管理資料などを作成することができます。

ここがPOINT♪

通常、1年間の給与処理は12ヵ月（12回）となりますが、12ヵ月の通常月に処理する給与処理とは別に、賞与ではない支給があった場合に、この「予備月」を使用して給与の処理を行うことができます。
例えば、支給日の変更に伴い、3月に2度の給与支給がある場合などに予備月を使用します。

注意

- 「予備月」は給与の処理に対して、予備として設けられています。ただし、この「予備月」を使用して賞与の処理を行うことはできません。
- 「予備月」は年3回まで使用することができますが、社員ごとに予備月を使用する月を変更することはできません。
- 予備月の処理をはじめた後に、ここで設定した予備月を「使用しない」に変更することはできません。変更する場合は、［給与データ削除］メニューで予備月の初期化を行ってください。ただし、予備月のデータを削除した場合は、その予備月で入力していた給与データはすべて削除されます。
- 予備月の給与処理では、社員情報更新は行われません。ただし、通常月より先に予備月の給与処理をはじめる場合は、社員情報更新が行われます。

Chapter5 給与規定の設定を行う

給与体系メニュー

給与支給日や賞与支給日を設定します。正社員とパート社員で支給日や給与明細の項目名が異なる場合は、複数の給与体系を登録していきます。

※複数の給与体系を登録する場合は、事前に[給与基本設定]メニューで「給与体系」項目を「使用する」に設定しておく必要があります。

①メニュー一覧の［法人情報］から、[給与規程]-[給与体系]メニューを選択します。

②[給与体系]画面が表示されます。各ページを開いて、支給日等を設定します。

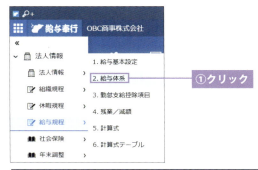

▶ [給与支給日等] ページ

各月の賃金計算期間や支給日、就業日数・就業時間の情報などを設定します。

ここがPOINT♪

就業日数・就業時間について

ここで入力する就業日数・就業時間は、残業代の単価、欠勤の減額を行う場合の単価の算出に利用します。
就業規則などをご確認いただき、残業・欠勤の単価算出における就業人数・時間を入力してください。実際の就業日数・就業時間を入力する項目ではありませんので、ご注意ください。

⇒残業代や減額金の算出方法については、P70「残業手当や減額金の設定を行う」をご確認ください！

Part 3 【導入時】基本データの登録

参考　給与体系を複数登録する場合

社員によって支給控除項目や給与の月ごとの賃金計算期間、残業の割増率などが異なる場合は、複数の給与体系を登録することができます。
例：正社員とパート社員で明細書の項目名や支給控除項目の計算式が異なる場合などは、正社員用とパート社員用の給与体系を登録します。

複数の給与体系を登録する場合は、あらかじめ [給与規程]-[給与基本設定] メニューを選択し、[給与基本設定] 画面の [基本] ページで、「給与体系」を「使用する」に設定します。

この設定によって、[給与規程]-[給与体系] メニューで、次の複数の給与体系が登録できます。
● [給与規程]-[給与体系] メニュー
● [給与規程]-[勤怠支給控除項目] メニュー
● [給与規程]-[残業／減額] メニュー
● [給与規程]-[計算式] メニュー

Chapter5　給与規定の設定を行う

参 考　　［給与支給日］ボタンについて

給与支給日を一括で更新する場合は、［給与支給日］ボタンをクリックします。支給日が土日・祝祭日（12月31日〜1月3日を含む）にあたる場合の扱いを設定し、支給日を一括で更新することができます。

▶［賞与支給日等］ページ

賞与の支給日の情報などを設定します。

Part 3【導入時】基本データの登録

明細書の項目を登録する

給与（賞与）の明細書に記載する勤怠・支給・控除・内訳項目の名称を登録します。
また、項目ごとに「課税項目にするか」「雇用保険の計算対象にするか」などの属性や、「前月の金額を複写するか」などを設定していきます。

 明細書の項目を決める前に知っておくべきこと

『給与奉行クラウド』ではいくつかあらかじめ使用目的が決まっている項目と、独自に設定できる項目があります。
使用用途があらかじめシステム上で決まっている項目については、項目名について変更できますが、その項目自体の意味合いを損なうような項目名には変更できません。

　　例）　　○：基本給→本給　　　×：基本給→減額金

▲ [給与処理]メニュー
　上記の項目名が表示されている箇所が、システムで使用目的が決まっている項目です。
　項目名が空欄の場所に独自の支給項目や控除項目を設定することができます。

今までの給与計算システムで発行していた給与明細書と見比べて、これから『給与奉行クラウド』で発行する給与明細書の各項目の印字箇所を決めていきましょう！

Chapter5　給与規定の設定を行う

[勤怠支給控除項目] メニュー

① メニュー一覧の[法人情報]から、[給与規程]-[勤怠支給控除項目]メニューを選択します。

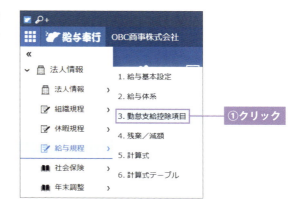

② [勤怠支給控除項目]画面が表示されます。
支給明細書の支給控除項目について設定します。
支給控除項目や、「課税項目にするか」「雇用保険の計算に含めるか」「前月の金額を複写するか」などの属性を、各ページを開いて支給控除項目ごとに設定します。

ここがPOINT♪

まずは各項目名や、[支給]ページや[控除]ページで独自で追加する項目や各項目名を決めてから、それぞれの項目に対する属性（課税区分など）を設定していくことをオススメします！

それでは次ページから各ページの内容について見ていきましょう！

Part 3 【導入時】基本データの登録

▶ ［勤怠］ページ

勤怠項目の勤怠区分や0円印字設定などの属性を設定します。

	項目名	勤怠区分		日給基本給対象		端数処理		0印字	
勤怠日数1	出勤日数	1	出勤日数	1	対象	0	切り上げ	0	印字しない
勤怠日数2	休出日数	2	休出日数			0	切り上げ	0	印字しない
勤怠日数3	特休日数	3	特休日数	0	対象外	0	切り上げ	0	印字しない
有休1	有休日数	4	有休日数	1	対象	0	切り上げ	0	印字しない
勤怠日数4	欠勤日数	6	欠勤日数			0	切り上げ	0	印字しない
有休2	有休残							0	印字しない
勤怠時間1	出勤時間	1	出勤時間			0	切り上げ	0	印字しない
勤怠時間2	遅早時間	2	遅早時間			0	切り上げ	0	印字しない
勤怠時間3	普通残業時間	3	残業時間			0	切り上げ	0	印字しない
勤怠時間4	深夜残業時間	3	残業時間			0	切り上げ	0	印字しない
勤怠時間5	休出残業時間	3	残業時間			0	切り上げ	0	印字しない
勤怠時間6	残業予備1	3	残業時間			0	切り上げ	0	印字しない
勤怠時間7	残業予備2	3	残業時間			0	切り上げ	0	印字しない
勤怠時間8	残業予備3	3	残業時間			0	切り上げ	0	印字しない
勤怠時間9	残業予備4	3	残業時間			0	切り上げ	0	印字しない
勤怠時間10	残業予備5	3	残業時間			0	切り上げ	0	印字しない

▼給与明細書の印字箇所

ここがPOINT♪

「0印字」の選択肢による印字の違い

選択されている項目の値が0の場合に、給与明細書に「0」を印字するかを選択します。

- ●印字しない・・・値の欄が空白となります（項目名は表示されます）。
- ●印字する　 ・・・「0」と印字します。
- ●項目名なし・・・項目名も値も空白となります。

※［勤怠］ページに限らず、すべてのページの各項目で設定できます。

Chapter5 給与規定の設定を行う

▶ [勤怠手当] ページ

各残業手当や各減額金の端数処理、0円印字設定などの属性を設定します。

項目名		端数処理		0円印字	
時間手当3	普通残業	0	切り上げ	0	印字しない
時間手当4	深夜残業	0	切り上げ	0	印字しない
時間手当5	休出残業	0	切り上げ	0	印字しない
時間手当6	残業予備1	0	切り上げ	0	印字しない
時間手当7	残業予備2	0	切り上げ	0	印字しない
時間手当8	残業予備3	0	切り上げ	0	印字しない
時間手当9	残業予備4	0	切り上げ	0	印字しない
時間手当10	残業予備5	0	切り上げ	0	印字しない
日数手当4	欠勤控除減額	0	切り上げ		
時間手当2	遅早控除減額	0	切り上げ		

▼給与明細書の印字箇所

	出勤日数	休出日数	特休日数	有休	欠勤日数	有休残				
勤怠他	18.0	0.0	0.0	0.0	0.0	0.0				
	出勤時間	遅早時間	普通残業時間	深夜残業時間	休出残業時間	残業予備1	残業予備2	残業予備3	残業予備4	残業予備5
	0:00	0:00	0:00	0:00	0:00	0:00	0:00	0:00	0:00	0:00

ここがPOINT♪

残業手当の端数処理設定について

このページで設定する端数処理は以下の部分です。

残業手当＝ 残業単価×割増率×時間

この計算結果の端数処理

Part 3 【導入時】基本データの登録

▶ ［支給］ページ

給与の支給項目を登録します。
また、各支給項目の課税区分や残業基準、雇保対象基準などの属性を設定します。

| | 勤怠 | 勤怠手当 | **支給** | 支給内訳 | 控除 | 控除内訳 | 計算 | 事業主 |

	項目名	課税区分		残業基準		欠勤減額基準		週早減額基準		社保報酬		社保固定的賃金		雇保対
支給 1	基本給	1	課税	0	対象外	0	対象外	0	対象外	1	金銭	1	対象	1	対
支給 2		1	課税	0	対象外	0	対象外	0	対象外	1	金銭	0	対象外	1	対
支給 3		1	課税	0	対象外	0	対象外	0	対象外	1	金銭	0	対象外	1	対
支給 4		1	課税	0	対象外	0	対象外	0	対象外	1	金銭	0	対象外	1	対
支給 5		1	課税	0	対象外	0	対象外	0	対象外	1	金銭	0	対象外	1	対
支給 6		1	課税	0	対象外	0	対象外	0	対象外	1	金銭	0	対象外	1	対
支給 7		1	課税	0	対象外	0	対象外	0	対象外	1	金銭	0	対象外	1	対
支給 8		1	課税	0	対象外	0	対象外	0	対象外	1	金銭	0	対象外	1	対
支給 9		1	課税	0	対象外	0	対象外	0	対象外	1	金銭	0	対象外	1	対
支給10		1	課税	0	対象外	0	対象外	0	対象外	1	金銭	0	対象外	1	対
支給11		1	課税	0	対象外	0	対象外	0	対象外	1	金銭	0	対象外	1	対
支給12		1	課税	0	対象外	0	対象外	0	対象外	1	金銭	0	対象外	1	対
支給13		1	課税	0	対象外	0	対象外	0	対象外	1	金銭	0	対象外	1	対
支給14		1	課税	0	対象外	0	対象外	0	対象外	1	金銭	0	対象外	1	対
支給15		1	課税	0	対象外	0	対象外	0	対象外	1	金銭	0	対象外	1	対
支給16		1	課税	0	対象外	0	対象外	0	対象外	1	金銭	0	対象外	1	対
支給17		1	課税	0	対象外	0	対象外	0	対象外	1	金銭	0	対象外	1	対
支給18	通勤手当	0	非課税	0	対象外	0	対象外	0	対象外	1	金銭	1	対象	1	対
支給18-1	課税通勤手当	1	課税	0	対象外	0	対象外	0	対象外	1	金銭	1	対象	1	対
支給19	残業手当	1	課税	0	対象外	0	対象外	0	対象外	1	金銭	0	対象外	1	対
支給20	減額金	1	課税	0	対象外	0	対象外	0	対象外	1	金銭	0	対象外	1	対

▼給与明細書の印字箇所

※上段が支給1～10、下段が支給11～19です。

	基本給									
支給	0	0	0	0	0	0	0	通勤手当 0	0	0
								0	残業手当	減額金
	0	0	0	0	0	0	0	0	0	0

ここがPOINT♪

独自で追加できる支給項目について

空欄になっている項目（支給2～17）については独自の支給項目を追加できます。印字する箇所も加味して、独自の項目を追加していきましょう！

逆に、支給1（基本給）や、支給18（通勤手当）など、最初に項目名が表示されているものは、あらかじめシステムで使用用途が決められている項目です（内部的な計算式が組み込まれています）。
同じような意味を持つ項目名への変更は可能ですが、別の意味を持つ項目名にはしないようご注意ください。

Chapter5　給与規定の設定を行う

ここがPOINT♪

その他の各属性の意味や選択肢について

明細書に印字する支給項目や控除項目が決まったら、各項目ごとの属性を設定していきましょう！　属性の内容について不明点がある場合は、その属性にカーソルを入れた状態で［ガイド］ボタンをクリックすることで、内容を確認することができます。便利ですので、ぜひ活用しましょう！

ここがPOINT♪

属性：「前月複写」について

給与処理を行う際に、前月入力した金額を複写してくることが可能です。
毎月金額に変動のない項目（例：役職手当や職能給など）については、「1：複写する」に設定していただくことで、入力の手間が省けて便利です。

属性：「残業基準」や「欠勤減額基準」について

残業代や欠勤の減額金額の単価を算出する際に、どの支給項目の金額を含むかを指定します。
⇒残業代や欠勤減額金の計算の仕方については、P70「残業手当や減額金の設定を行う」をご確認ください！

067

Part 3 【導入時】基本データの登録

▶ [支給内訳] ページ／[控除内訳] ページ

●支給内訳・控除内訳とは？

支給項目や控除項目（給与明細書に印字される項目）の内訳となる項目のことです。
内訳項目のため、給与明細書には印字されませんが、管理資料などで内訳項目ごとに金額を集計することが可能です（支給内訳を印字できる専用のサプライ用紙もあります）。

●利用例

支給項目3：【実績手当】
　　　└支給内訳1：達成賞
　　　└支給内訳2：貢献賞

例えば、上記の例のように給与明細書上には「実績手当」という支給項目を用意しますが、その内訳が[達成賞]＋[貢献賞]だった場合、支給内訳として登録しておくことで、給与処理を行う時に内訳の金額を入れると、実績手当が自動計算されるようになります。

※別途[計算式]メニューで【支給項目3：実績手当】に対して「達成賞＋貢献賞」という計算式を登録する必要があります。
⇒計算式の登録の仕方についてはP75「[計算式]メニュー」をご確認ください！

Chapter5 給与規定の設定を行う

▶ [控除] ページ

給与の控除項目を登録します。
また、控除項目の社保扱い対象や休職時控除対象、前月複写などの属性を設定します。

	項目名	社保扱い対象	遡及控除額対象	休職時控除対象	端数処理	前月複写	0円印字
控除1	健康保険料	1 社保保険料	0 対象外	1 対象		0 複写しない	0 印字しない
控除1-1	介護保険料	1 社保保険料	0 対象外	1 対象		0 複写しない	0 印字しない
控除2	厚生年金保険	1 社保保険料	0 対象外	1 対象		0 複写しない	0 印字しない
控除3	厚生年金基金	1 社保保険料	0 対象外	1 対象		0 複写しない	0 印字しない
控除4	雇用保険料	1 社保保険料	0 対象外	1 対象		0 複写しない	0 印字しない
控除5	所得税	0 対象外	0 対象外	1 対象		0 複写しない	0 印字しない
控除6	住民税	0 対象外	0 対象外	1 対象		0 複写しない	0 印字しない
控除7		0 対象外	0 対象外	0 対象外	0 切り上げ	1 複写する	0 印字しない
控除8		0 対象外	0 対象外	0 対象外	0 切り上げ	1 複写する	0 印字しない
控除9		0 対象外	0 対象外	0 対象外	0 切り上げ	1 複写する	0 印字しない
控除10		0 対象外	0 対象外	0 対象外	0 切り上げ	1 複写する	0 印字しない
控除11		0 対象外	0 対象外	0 対象外	0 切り上げ	1 複写する	0 印字しない
控除12		0 対象外	0 対象外	0 対象外	0 切り上げ	1 複写する	0 印字しない
控除13		0 対象外	0 対象外	0 対象外	0 切り上げ	1 複写する	0 印字しない
控除14		0 対象外	0 対象外	0 対象外	0 切り上げ	1 複写する	0 印字しない
控除15		0 対象外	0 対象外	0 対象外	0 切り上げ	1 複写する	0 印字しない
控除16		0 対象外	0 対象外	0 対象外	0 切り上げ	1 複写する	0 印字しない
控除17		0 対象外	0 対象外	0 対象外	0 切り上げ	1 複写する	0 印字しない
控除18		0 対象外	0 対象外	0 対象外	0 切り上げ	1 複写する	0 印字しない
控除19		0 対象外	0 対象外	0 対象外	0 切り上げ	1 複写する	0 印字しない

▼給与明細書の印字箇所
※上段が控除1～10、下段が控除11～20です。

	健康保険料	厚生年金保険	厚生年金基金	雇用保険料	所得税	住民税				
控除	介 0									
	0	0	0	45	0	0	0	0	0	0
	0	0	0	0	0	0	0	0	0	0

ここがPOINT♪

独自で追加できる控除項目について

空欄になっている項目（控除7～20）については独自の控除項目を追加できます。印字する箇所も加味して、独自の項目を追加していきましょう！

逆に、控除1～6（健康保険料や所得税・住民税）など、最初に項目名が表示されているものは、あらかじめシステムで使用用途が決められている項目です（内部的な計算式が組み込まれています）。
同じような意味を持つ項目名への変更は可能ですが、別の意味を持つ項目名にはしないようご注意ください。

Part 3 【導入時】基本データの登録

残業手当や減額金の設定を行う

残業手当や減額金に関する支給月や端数処理、割増率を設定していきます。
正社員とパート社員で残業の割増率が違う場合は、給与体系ごとに設定が可能です。

▶ **残業手当や減額金の設定を行う前に知っておくべきこと**

まずは残業手当や減額金の計算方法を確認していきましょう！

● 〈前提知識〉残業手当の計算方法について

残業手当の計算方法として、以下の2通りの方法が用意されています。給与データ入力画面で残業時間を入力すると、各残業時間に対する残業手当が自動的に計算されます。自社がどちらのパターンに該当するかを就業規則などを見ながら確認しましょう！

$$残業手当＝\underline{残業単価}×割増率×時間$$

【パターン1】 残業の基準とする支給額の合計から残業単価を求める場合

残業基準（[給与規程]-[勤怠支給控除項目] メニューの給与の [支給] ページで設定）が「1：対象」に設定されている項目の合計額をもとに、残業基準内単価を求め、残業手当を計算します。

　例）就業規則に次のように記載されている場合など
　　　「（本給＋加給＋職能給＋役職手当）の当月の支給額に対して、
　　　1ヵ月の基準労働時間（168H）を割ったものを残業単価とする」

　＜計算方法＞
　　残業基準内単価 ＝ ①残業基準内手当の当月の合計 ÷ ②当月の就業時間
　　残業手当 ＝ 残業基準内単価× ③残業割増率× ④残業時間

　　① [給与規程]-[勤怠支給控除項目] メニューの給与の [支給] ページで、残業基準が「1：対象」
　　　に設定されている項目の合計額
　　② [給与規程]-[給与体系] メニューの [給与支給日等] ページで設定
　　③ [給与規程]-[残業／減額] メニューの [残業計算] ページで設定
　　④各月の給与データ入力画面から残業時間を入力

【パターン2】 固定の単価を社員ごとに設定する場合

[社員情報] -[社員情報] メニューの [給与・単価] ページで設定した、各社員の残業単価をもとに、残業手当を計算します。

　例）時給制のパート社員については「時給単価」を残業単価とする場合

　＜計算方法＞
　　残業手当 ＝ ①社員別残業単価 × ②残業割増率 × ③残業時間

　　① [社員情報]- [社員情報] メニューの [給与・単価] ページで設定
　　② [給与規程]-[残業／減額] メニューの [残業計算] ページで設定
　　③各月の給与データ入力画面から残業時間を入力

Chapter5　給与規定の設定を行う

残業手当の端数処理について

残業手当の計算をするに当たって、複数の箇所で端数処理を設定できます。

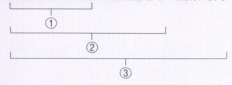

＜端数処理の設定方法＞
①[給与規程]-[残業／減額]メニューの[残業計算]ページの【基準内単価】の設定にしたがいます。
②[給与規程]-[残業／減額]メニューの[残業計算]ページの【残業単価】で設定します。
③[給与規程]-[勤怠支給控除項目]メニューの[勤怠手当]ページの端数処理の設定にしたがいます。

Part 3 【導入時】基本データの登録

減額金の計算について

減額金も、残業手当の計算と基本的な考え方は同様です。

減額金の計算方法として、以下の2通りの方法が用意されています。
給与データ入力画面で欠勤日数または遅早時間を入力すると、各減額金が自動的に計算されます。

○社員ごとに欠勤減額金単価・遅早減額金単価を設定していない場合
（基準内単価を用いる場合）

欠勤減額基準または遅早減額基準（[給与規程]-[勤怠支給控除項目]メニューの給与の[支給]ページで設定）が「1：対象」に設定されている項目の合計額をもとに、欠勤基準内単価または遅早基準内単価を求めます。

＜欠勤減額金の場合＞

欠勤基準内単価 ＝ 欠勤基準内手当の合計額 ÷ 当月の就業日数
欠勤減額金 ＝ 欠勤基準内単価 × 欠勤減額金割増率 × 欠勤日数

＜遅早減額金の場合＞

遅早基準内単価 ＝ 遅早基準内手当の合計額 ÷ 当月の就業時間
遅早減額金 ＝ 遅早基準内単価 × 遅早減額金割増率 × 遅早時間

○社員ごとに欠勤減額金単価・遅早減額金単価を設定している場合

各社員の勤怠計算単価（[社員情報]-[社員情報]メニューの[給与・単価]ページで設定）をもとに、欠勤減額金を計算します。

＜欠勤減額金の場合＞

欠勤減額金 ＝ 欠勤減額金単価 × 欠勤減額金割増率 × 欠勤日数

＜遅早減額金の場合＞

遅早減額金 ＝ 遅早減額金単価 × 遅早減額金割増率 × 遅早時間

それでは次ページより、残業・減額金の設定メニューをご紹介していきます。

Chapter5　給与規定の設定を行う

①メニュー一覧の［法人情報］から、［給与規程］-［残業／減額］メニューを選択します。

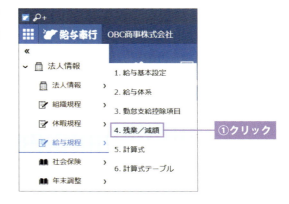

②［残業／減額］画面が表示されます。残業手当や減額金について設定します。

▶ [残業計算] ページ

残業手当の割引率や、端数処理などを設定します。

項　目	説　明
【支給月】 残業支給月	当月の残業代を支払う月を選択します。 例：「1：翌月」を選択した場合 　　5月の残業基準内単価は、4月の給与データから算出します。
残業基準内単価	社員ごとに残業手当の単価が設定されていない場合に、［勤怠支給控除項目］メニューの［給与］-［支給］ページで、「残業基準」が「1：対象」に設定されている支給項目の総額を、当月の就業時間で除して求めた単価になります。
【基準内単価】 端数処理	残業基準内単価を求める際に、端数処理を行うかを選択します。
【残業単価】 端数処理	残業単価に、割増率を乗じた際の端数処理を行うかを選択します。

Part 3 【導入時】基本データの登録

▶ [減額計算] ページ

減額金の割増率や、端数処理などを設定します。

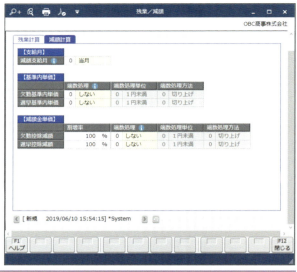

項　目	説　明
【支給月】 減額支給月	当月に発生した減額金を控除する月を選択します。 例：「1：翌月」を選択した場合 　　5月の減額基準内単価を4月の給与データから算出します。
欠勤基準内単価	社員ごとに欠勤控除減額の単価が設定されていない場合に、［勤怠支給控除項目］メニューの［給与］-［支給］ページで、「欠勤減額基準」が「1：対象」に設定されている支給項目の総額を、当月の就業日数で除して求めた単価です。
遅早基準内単価	社員ごとに遅早控除減額の単価が設定されていない場合に、［勤怠支給控除項目］メニューの［給与］-［支給］ページで、「遅早減額基準」が「1：対象」に設定されている支給項目の総額を、当月の就業時間で除して求めた単価です。
【基準内単価】 端数処理	欠勤・遅早基準内単価を求める際に、端数処理を行うかを選択します。
【減額金単価】 端数処理	欠勤・遅早控除減額金単価に、割増率を乗じた際の端数処理を行うかを選択します。

Reference

参 考

［社員情報］メニューの［給与・単価］ページで、社員ごとに残業単価・欠勤控除減額・遅早控除減額を設定する際に、残業割増分・欠勤減額金割増分・遅早減額金割増分を含める場合は、割増率を「100%」にします。
例：普通残業単価を 1,250 円とした場合
　　　社員の普通残業単価が 1,000 円　→　普通残業割増率は「125%」
　　　社員の普通残業単価が 1,250 円　→　普通残業割増率は「100%」
なお、欠勤減額割増率・遅早減額割増率に 100% を超える値を入力すると、労働基準法に抵触する場合があります。詳細は、所轄の労働基準監督署にご確認ください。

Chapter5　給与規定の設定を行う

[計算式] メニュー

給与（賞与）明細書の項目に計算式を登録します。計算式が登録された項目は、給与（賞与）データを入力する際に、その計算式の結果にもとづいた金額が自動計算されます。

①メニュー一覧の[法人情報]から、[給与規程]-[計算式]メニューを選択します。

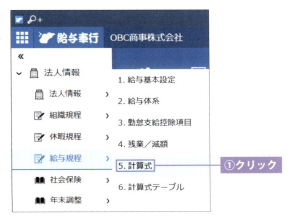

②[計算式]画面が表示されます。

給与または賞与の支給控除項目のページごとに計算式を登録します。

支給や控除の項目に任意の計算式を登録しておくことによって、給与処理または賞与処理を行う際に、計算式が設定された項目の金額を自動的に算出します。

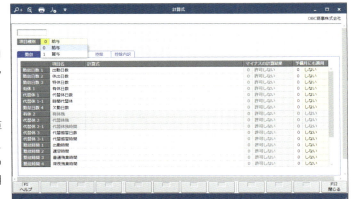

また、社員情報に登録されている情報や前月給与の情報を使用した計算式を設定することもできます。
「項目種別」で、「0:給与」または「1:賞与」を選択します。「マイナスの計算結果」を「0:許可しない」とした場合は、計算結果がマイナスの場合は、ゼロとして明細書に表示します。

●具体的な利用例
　例1：【支給内訳】を利用するケース
　　⇒ P72「[支給内訳] ページ／[控除内訳] ページ」で解説した通り、支給項目に支給内訳項目の合算金額を計算させたい場合などは[計算式]メニューで設定していきます。

　例2：支給項目：食事手当は、1日150円を出勤した日数分支給する

Part 3 【導入時】基本データの登録

今回は「支給項目:食事手当は、1日 150 円を出勤した日数分支給する」を例に具体的な手順を説明します♪

①「項目種別」で「0:給与」を選択します。

②[支給] ページを選択します。

③「支給 17：食事手当」にマウスポインタを合わせ、表示された ボタンをクリックします。

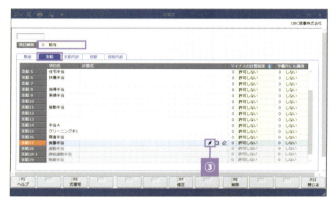

④表示された「支給 17：食事手当」の[計算式] 画面の [給与] ページを選択します。

⑤計算式のエリアに「150」と入力し、電卓のエリアの ボタンをクリックします。

⑥計算式のエリアに「×」が追加され、「150 ×」と表示されます。

⑦電卓のエリアの ボタンをクリックします。

Chapter5　給与規定の設定を行う

⑧「計算項目種類」の「勤怠」を選択し、「勤怠」の「勤怠日数1　出勤日数」をダブルクリックします。

⑨計算式エリアに「《《出勤日数》》」が追加され、「150+《《出勤日数》》」と表示されます。

⑩同様の手順で、計算式が「150×(《出勤日数》+《休出日数》)」となるようにします。

⑪[OK]ボタンをクリックします。

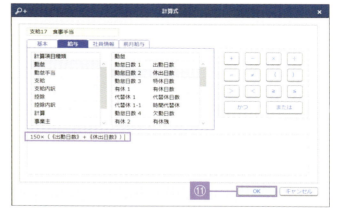

⑫[計算式]画面の表示にもどり、「支給17：食事手当」に設定した数式が表示されたことを確認し、[登録]ボタンをクリックします。

Part 3 【導入時】基本データの登録

参 考 　計算式のよくある設定例について

『給与奉行クラウド』のヘルプに、よくある計算式の設定例が記載されています。自社で行いたい計算式であるか一度ご確認いただき、案内にしたがって設定をしていくことが可能です！

▼ヘルプの右上の検索欄：【計算式】で検索！

Chapter 6 社会保険・年末調整・労働保険関連の設定を行う

年金事務所の情報や、社会保険料の徴収方法などの初期設定など、社会保険に関わる情報を登録していきます。

[社会保険設定] メニュー

事業所の情報や、社会保険の徴収区分など基本的な設定を行っていきます。

① メニュー一覧の [法人情報] から、[社会保険] - [社会保険設定] - [社会保険設定] メニューを選択します。

② [社会保険設定] 画面が表示されます。

項　目	説　明
【複数管理】	「健康保険」 適用事業所が複数ある場合は、複数管理の健康保険に「1：する」を選択します。 「1：する」を選択すると、[健康保険区分] メニューで複数の健康保険区分を登録することができます。 登録した健康保険区分を、[社員情報] メニューで各社員に紐付けます。
	「厚生年金保険」 厚生年金基金に加入している社員と未加入の社員がいて、社員によって厚生年金保険料率が異なる場合は、「1：する」を選択します。 　[厚生年金保険区分] メニューで、基金加入と皆級の厚生年金区分を登録し、[社員情報]メニューで各社員に紐付けます。

Part 3

079

Part 3 【導入時】基本データの登録

項　目	説　明
【年金事務所情報】	「都道府県コード」 　提出する年金事務所の都道府県コードを選択します。 　「年金事務所名」欄に入力すると、都道府県コードが自動的に表示されます。 【参考】 　コード番号入力欄をクリックし、マウスポインタを重ねると 🔍 が表示されます。 　さらに 🔍 をクリックすると、[都道府県コード検索] 画面が表示されます。 　該当するコードをクリックして、都道府県コードを選択することができます。
	「事業所整理番号」 　「保険料納付告知額　領収済額通知書」の事業所整理記号を入力します。
【社会保険料徴収方法】	「徴収方法」 　例：現在給与処理月が 4 月の場合 　3 月分の社会保険を徴収→「0：前月分を徴収」を指定 　4 月分の社会保険を徴収→「1：当月分を徴収」を指定 　5 月分の社会保険を徴収→「2：翌月分を徴収」を指定
	「月末退職社員の徴収方法」 　例：月末締、月末払いで「1：2 カ月分を徴収」を選択した場合 　退職年月日が 9 月 30 日の場合は、最後の給与処理月は 9 月（9 月 30 日支払）になります。 　この場合は、9 月の給与処理で、8 月分と 9 月分を加算した 2 カ月分の社会保険料が初期表示されます。
【健康保険内訳】	「使用区分」 　健康保険の内訳として、基本保険と特定保健を使用する場合は、「使用」指定します。 【参考】 　基本保険料や特定保険料は、給与・賞与明細書に印字することができます。
【休職事由】	「育児休業対象区分」「産前産後休業対象区分」 　育児休業または産前産後休業対象の区分を指定します。 　🔍 を表示してクリックし、表示された[休職事由検索] 画面からコードを選択します。 【参考】 　[社員情報] メニューの [中途・区分] ページの「休職事由」にここで指定した区分を設定すると、社会保険料が免除されるため、給与・賞与処理で社会保険料が表示されません。
【社労士情報】	「届出書の作成」 　社会保険の届け出を社労士に委託する場合は、「1：社労士に業務を委託する」を選択し、[社労士] ボタンをクリックします。 　表示された [社会保険設定 - 社労士] 画面で、社労士情報を指定します。 ※ここで社労士情報を登録すると、[労働保険設定] メニューの社労士情報も変更されます。

Chapter6 社会保険・年末調整・労働保険関連の設定を行う

『給与奉行クラウド』の保険料率の改定について

以下の場合は、料率はプログラムで自動更新されるため、料率改定の作業は必要ありません。

- ●全国健康保険協会（協会けんぽ）の場合
- ●厚生年金基金に加入していない場合

※自動更新がかかる日時などは、ダッシュボード上の[お知らせ]で事前に表示されます。

Part 3

081

Part 3 【導入時】基本データの登録

[健康保険組合]メニュー

健康保険組合に加入している場合に設定します。

※協会けんぽの場合は、本メニューで設定の必要はありません。

①メニュー一覧の[法人情報]から、[社会保険]-[社会保険設定]-[健康保険組合]メニューを選択します。

②[健康保険組合]画面が表示されます。

③「コード」と「健康保険組合名」を入力します。

Chapter6 社会保険・年末調整・労働保険関連の設定を行う

▶ [保険料率]ページ

「適用年月」と「保険料率」を設定します。
※「保険利用率」の端数処理は、[健康保険]メニューの[保険料率情報]ページで設定します。

▶ [組合情報]ページ

「組合情報」と「磁気媒体固有項目名称」を設定します。

項　目	説　明
【組合情報】	「特定被保険者徴収区分」 社員本人が介護保険料の徴収の対象ではない場合でも、扶養親族が40〜60歳の場合に、「徴収する」を選択します。
	「調整保険使用区分」 健康保険の内訳として調整保険を使用する場合は、「使用する」を選択します。「使用する」を選択すると、[保険料率]ページで調整保険の保険料が入力することができるようになります。
【磁気媒体固有項目名称】	磁気媒体によって社会保険の届け出を行う場合に、磁気媒体届出書データの固有項目名称が、各届出書において共通か個別化を選択します。

083

Part 3 【導入時】基本データの登録

[厚生年金基金]メニュー

厚生年金基金に加入している場合に設定します。
※未加入の場合は、本メニューで設定の必要はありません。

①メニュー一覧の[法人情報]から、[社会保険]-[社会保険設定]-[厚生年金基金]メニューを選択します。

②[厚生年金基金]画面が表示されます。

③「コード」と「厚生年金基金名」を入力します。

Chapter6 社会保険・年末調整・労働保険関連の設定を行う

▶[保険料率]ページ

「適用年月」と「保険料率」を設定します。

※「保険利用率」の端数処理は、[厚生年金保険区分]メニューの[保険料率情報]ページで設定します。

▶[基本情報]ページ

「基金情報」などを設定します。「基金予備料率使用区分」は、社員によって厚生年金危機の料率が異なる場合に使用します。

Part 3

085

Part 3 【導入時】基本データの登録

[健康保険区分]メニュー

健康保険の保険料率など、健康保険に関する情報を登録します。

①メニュー一覧の[法人情報]から、[社会保険]-[健康保険区分]メニューを選択します。

②[健康保険区分]画面が表示されます。

▶ [基本]ページ

「管掌区分」では、全国健康保険協会（協会けんぽ）の場合は「協会管掌」を、健康保険組合に加入している場合は「組合管掌」を選択します。

▶ [保険料率情報]ページ

[基本]ページで選択した都道府県の保険料率を確認することができます。

※「適用年月」で過去の年月を入力すると、その時の料率を確認することができます。
「端数処理対象」で、「0：健康保険・介護保険ごと」を選択した場合は、健康保険と介護保険それぞれの保険料で端数処理をします。「1：健康保険＋介護保険」を選択した場合は、健康保険と介護保険を合算した保険料で端数処理をします。

Chapter6 社会保険・年末調整・労働保険関連の設定を行う

[厚生年金保険区分] メニュー

厚生年金保険の保険料率など、厚生年金保険に関する情報を登録します。

① メニュー一覧の[法人情報]から、[社会保険]-[厚生年金保険区分]メニューを選択します。

② [厚生年金保険区分]画面が表示されます。

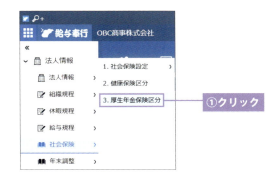

▶ [基本] ページ

厚生年金基金の加入有無について設定します。
※「加入」を選択した場合は、[厚生年金基金]メニューで登録した厚生年金基金を指定します。

▶ [保険料率情報] ページ

保険料率を確認することができます。
保険料率が改定される場合は、[厚生年金基金]メニューで設定します。

Part 3 【導入時】基本データの登録

年末調整

事業種目や税理士情報、所轄税務署情報などの情報を登録します。ここで登録された内容は、法定調書（給与支払報告書や合計表資料）を出力する際に印字されます。

▶ 法定調書設定

① メニュー一覧の[法人情報] から、[年末調整] - [法定調書設定] メニューを選択します。

② [法定調書設定] 画面が表示されます。
必要事項を設定します。
※「電話番号」と「郵便番号」は、「－（ハイフン）」を含めて入力します。

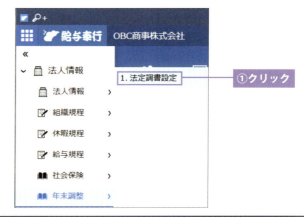

項目	説明
【所轄税務署情報】 「整理番号」	税務署から送付された「給与所得の源泉徴収票等の法定調書合計表」の整理番号を入力します。
【源泉徴収事務所情報】	[年末調整]-[給与支払報告書（総括表）]-[給与支払報告書（総括表）]メニューの、「報告書人員あり」の「給与支払報告書（総括表）」に印字する内容を設定します。 【参考】 初期値として[法人情報]メニューの内容が印字されます。変更する場合は、変更区分で「1：変更する」を選択します。

Chapter6 社会保険・年末調整・労働保険関連の設定を行う

労働保険

労災保険や雇用保険（労働保険）を申告する際の算定期間基準や事業形態を選択し、事業区分ごとに労災保険や雇用保険の情報を登録します。

▶ 労働保険設定

① メニュー一覧の［法人情報］から、［労働保険］-［労働保険設定］メニューを選択します。

② ［労働保険設定］画面が表示されます。
算定基準と事業形態を選択します。

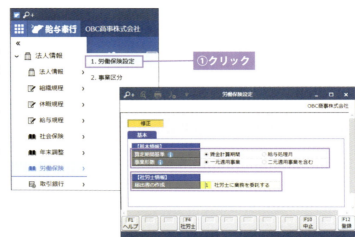

項　目	説　明
算定期間基準	**「賃金計算期間」を選択した場合** 　賃金計算期間に4月1日が含まれる給与処理月から12ヵ月間が労働保険の算定期間になります。 　賃金計算期間に4月1日が含まれる給与処理月に進める際に、雇用保険の免除高齢者が自動的に判定されます。 　例：賃金計算期間：4月1日～4月30日 　　　給与支給日：5月10日 　　　給与処理月：5月 　給与処理月を5月に進める際に自動的に判定されます。 **「給与処理月」を選択した場合** 　給与処理月4月から翌年3月が労働保険の算定期間になります。 　給与処理月を4月に進める際に雇用保険の免除高齢者が自動的に判定されます。 　例：賃金計算期間：4月1日～4月30日 　　　給与支給日：5月10日 　　　給与処理月：5月 　このような設定であっても、給与処理月を4月に進める際に自動的に判定されます。
事業形態	労災保険と雇用保険を労働保険として一括で申告・納付する事業の場合は「一元適用事業」を、労災保険と雇用保険を別々に申告・納付する事業の場合は「二元適用事業を含む」を選択します。 【参考】 労災保険用の労働保険番号、雇用保険用の労働保険番号がある場合は、「二元適用事業を含む」を選択します。
社労士情報	社会保険の届出を社労士に委託する場合は、「届出書の作成」で「1：社労士に業務を委託する」を選択し、［社労士］ボタンから社労士情報を登録します。 ※［社会保険設定］メニューで社労士情報を登録すると、［労働保険設定］メニューの社労士情報も変更されます。

Part 3 【導入時】基本データの登録

▶ 事業区分

① メニュー一覧の [法人情報] から、[労働保険] - [事業区分] メニューを選択します。

② [事業区分] 画面が表示されます。

③ 「コード」と「事業者区分」を入力します。

▶ [基本] ページ

それぞれの情報を入力・設定します。

【事業所情報】には、初期値として [法人情報] メニューで設定した内容が表示されますので、必要に応じて変更します。

「労働保険番号」は、保険関係成立届にしたがって、「労働保険番号」などを設定します。

【労働局情報】は、電子申請する場合のみ設定します。

▶ [労働保険] ページ

それぞれの情報を入力・設定します。

なお、「労働保険率」は、選択した事業の種類に応じて率が変わります。

▶ [雇用保険]ページ

それぞれの情報を入力・設定します。

なお、「保険率」は、選択した事業の種類に応じて雇用保険率が変わります。

【事業所情報】と【公共職業安定所情報】は、電子申請する場合のみ設定します。

▶ [社労士]ページ

社労士に業務を委託して電子申請や磁気媒体で届書を提出する場合は、設定内容を確認します。

Part 3 【導入時】基本データの登録

Chapter 7

振込元となる銀行を登録する

振込元となる会社銀行（仕向銀行）の基本情報と、ファームバンキングデータ（以降FBデータと記載）を作成する際の形式などを登録します。給与振込・賞与振込・住民税振込に関する設定を行います。

法人口座

振込元となる銀行口座の基本情報と、給与賞与振込・住民税振込に関する情報を登録します。

①メニュー一覧の[法人情報]から、[取引銀行] - [法人口座]メニューを選択します。

②[法人口座]画面が表示されます。

③「コード」と「法人口座名」を入力します。

※「法人口座名」には、どの口座か判別がつくように、任意の説明を入力します。

Chapter7 振込元となる銀行を登録する

▶ [基本]ページ

振込元となる銀行の預金種目や口座番号などを設定します。

「銀行コード」と「支店コード」にコードを入力すると、該当する名称が表示されます。

「支店住所」の郵便番号を入力して検索すると、支店住所が表示されます。

※ゆうちょ銀行の場合は、通常貯金は「1：普通預金」、振替口座は「2：当座預金」を選択します。

▶ その他のページ

登録する法人口座が振込元となる場合にチェックをつけます。
また、FBデータで振り込む場合は、各ページでFBデータの出力形式を入力します。
※出力形式が不明な場合は、各金融機関にお問合せください。

ここがPOINT♪

[基本]ページの「口座名義カナ」項目について

FBデータで振込みを行う場合は、株式会社を「カ)」「(カ」で入力する必要がありますのでご注意ください。
例) 株式会社OBC商事の場合
　→口座名義カナ：カ) オービーシーショウジ

Part 3 【導入時】基本データの登録

振込手数料

振込手数料を確認する場合や、[銀行振込依頼書]メニューで振込手数料を印字する場合は、[振込手数料]メニューで振込元となる金融機関の手数料を設定します。

①メニュー一覧の[法人情報]から、[取引銀行] - [振込手数料]メニューを選択します。

②[振込手数料]画面が表示されます。

③「銀行コード」を指定します。

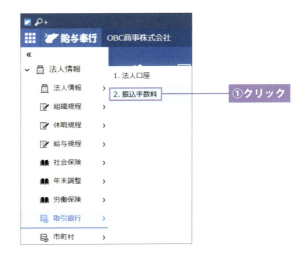

▶ [給与賞与振込] ページ
手数料を設定します。

「振込金額の範囲を設定する」のチェックボックスにチェックを付けると、振込金額に応じた手数料を設定することができます。

▶ [同行同一支店あて扱い] ページ

通常、同一金融機関内の他の支店へ振り込む場合は、本支店あての振込手数料が適用されます。しかし、特定の支店に対しては、同一店あての手数料で振り込みができる場合があります。そのような支店を「支店グループ」として登録します。

支店グループを登録するには、[追加] ボタンをクリックして、表示された [振込手数料] 画面から登録を行います。

例：A銀行のa支店（法人口座の支店）とb支店（振込先の支店）は同一店あての手数料で振り込みができる場合

振込手数料を次のように登録します。

同行同一支店あて	同行本支店あて	他行あて
216 円	324 円	648 円

このとき、a支店とb支店を支店グループとして登録することで、通常、同一金融機関内の他の支店へ振り込む場合は手数料が324円と計算されますが、a支店とb支店は同じ支店とみなされ、手数料が216円と計算されます。

▶ [同行本支店あて扱い] ページ

通常、他の金融機関の口座へ振り込む場合は、他行あての振込手数料が適用されます。しかし、提携している金融機関に対しては、本支店Bあての手数料で振り込みができる場合があります。そのような金融機関を同行本支店あて扱いとして登録します。

例：A銀行のa支店（法人口座の支店）とB銀行（振込先の支店）は本支店あての手数料で振り込みができる場合

振込手数料を次のように登録します。

同行同一支店あて	同行本支店あて	他行あて
216 円	324 円	648 円

このとき、B銀行を同行本支店あて扱いとして登録することで、通常、他行へ振り込む場合は手数料が648円と計算されますが、A銀行とB銀行は同じ金融機関の本支店あてとみなされ、手数料が324円と計算されます。

Part 3 【導入時】基本データの登録

Chapter 8 電子申請をするための事前設定を行う

インターネットを利用した電子申請は、行政手続きの届出作業の時間を大幅に削減できて便利ですが、事前準備が必要です。設定の仕方と注意事項を確認しましょう。

電子申請とは

各府省が所轄する紙や磁気媒体によって行われる申請や届出などの行政手続きについて、インターネットを経由してe-Gov 電子申請システムを利用し、申請・届出することができます。
複数の府省へ申請・届出する際に、まとめて申請・届出できます。
ハローワークに出向く手間がなくなるので、社会保険の届出作業の時間を大幅に削減できます。

『給与奉行クラウド』の電子申請

『給与奉行クラウド』上で、直接電子申請から公文書のダウンロードまでを行うことができます。

事前に用意しておくもの

● 電子証明書（ファイル形式）を用意
　電子申請するデータに、電子署名を付与する必要があります。電子政府の総合窓口(e-Gov)の「認証届のご案内」で紹介されている認証局から、「ファイル形式の電子証明書」を取得してください。

注 意

『給与奉行クラウド』で利用できる電子証明書は、「ファイル形式の電子証明書」です。
「ICカード形式の電子証明書」を利用することはできませんので、ご注意ください。

▶ 利用者ID

①メニュー一覧の[法人情報]から、[電子申請]-[利用者ID]メニューを選択します。

②[利用者ID]画面が表示されます。初めて電子申請する場合は、電子申請するデータに、電子署名を付与する必要があります。

電子政府の総合窓口(e-Gov)の「認証局のご案内」で紹介されている認証局から、「ファイル形式の電子証明書」を取得してください。

参考

Reference

●利用者IDと電子証明書は、『給与奉行クラウド』からe-Gov電子申請システムにログインする際に利用します。
利用者IDの失念や、電子証明書の紛失等がないようにご注意ください。

●電子証明書には有効期間があります。
有効期間が切れる前に、[電子証明書変更]メニューで、電子証明書の更新または追加を行ってください。

Part 4

社員情報の登録

Chapter 1 社員情報の登録の基礎知識

Chapter 2 社員情報を登録する

Chapter 3 社員情報の一括登録

Chapter 4 社員情報のCSVファイルでの一括受入

Chapter 5 新しい住民税を登録する

Chapter 6 社員の個人番号を登録する

Part 4 社員情報の登録

社員情報の登録の基礎知識

社員情報とは、従業員一人ひとりのデータのことです。給与計算や社会保険、住民税など、すべての内容にかかわる、まさに給与計算における根幹データです。漏れがないよう入力していきましょう。

社員情報の登録方法

『給与奉行クラウド』では3つの方法で社員情報を入力することが可能です。自社の従業員数などを加味して、最も効率的な方法で入力していきましょう。

社員情報の登録方法を確認しましょう！
方法は以下の3つです。

① [社員情報] メニューで1名ずつ登録する　→ 101 ページ

　1名ずつ情報を入力できます。まずはこの方法で1人の社員を登録し、各入力項目を把握することをオススメします。
　社員人数が少ない場合や、中途入社の社員など数名を登録する場合に便利です。

② [社員情報一括登録] メニューで登録する　→ 125 ページ

　一括で情報を入力できます。複数名に同じ情報を入力したい場合や、
　一覧で見ながら入力したい場合に便利です。

利用度高
③ [社員情報データ受入] メニューで CSV を受け入れる　→ 128 ページ

　Excel で管理しているマスターや他システムからの移行に最適です。

社員情報の更新のタイミング

社員情報は給与計算の根本的な情報です。入社や退職、異動のたびに社員一人ひとりの情報を更新しなければ、計算が正しく行われなくなってしまう恐れがあります。
また、すでに登録済みの社員のデータも、住所や通勤手当など内容を変更がある場合には、速やかに修正するようにしましょう（数名の変更であれば①の方法が便利です）。

Chapter2 社員情報を登録する

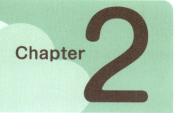

社員情報を登録する

ここでは3つの入力方法のうち、1名ずつ登録する方法を説明します。どのような項目を入力する必要があるのか、具体的な手順などを確認しましょう。

［社員情報］メニュー

社員の情報を登録・管理します。
また、休職または退職となった場合も、ここで設定します。

①メニュー一覧の［社員情報］から、［社員情報］-［社員情報］メニューを選択します。

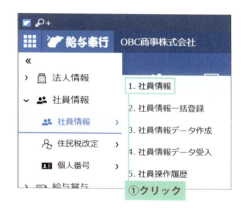

②［社員情報］画面が表示されます。

③「社員番号」欄と「氏名」欄を入力します。「フリガナ」欄は自動で入力されますので、必要に応じて修正します。

　「在籍区分」は、「在職」「休職」「退職」「出向」から選択します。

Part 4

101

Part 4 社員情報の登録

④「所属」欄は組織体系として登録されている部門・部課コード、「役職」は役職／職種の登録コードを入力します。それぞれ、[space] キーを押すと検索画面が表示され、一覧から選択して指定することができます。

「雇用区分」は、「正社員」「契約社員」「派遣社員」「アルバイト」「パート」から選択することができます。
雇用区分は[区分登録]メニューで、追加・修正をすることができます。

[社員情報] 画面は、入力・登録する内容に応じて、11 ページに分かれています。それぞれのページで管理する主な内容は、次のとおりです。

● 社員情報登録メニュー
　基本の操作方法
　　──[基本] ページ（社員の生年月日、住所、役職や勤務地などの情報を登録します）→ P.103
　　──[労働契約・外国人] ページ（雇用保険資格取得届を電子申請する場合に必要な情報を登録します）
　　──[給与・単価] ページ（課税区分、基本給、単価などの情報を登録します）→ P.104
　　──[休日・休暇] ページ（休日・休暇管理の情報を登録します）→ P.106
　　──[家族・所得税] ページ（配偶者や扶養親族の氏名や続柄などの情報を登録します）→ P.107
　　──[社会保険] ページ（各社会保険の標準報酬や保険料などの情報を登録します）→ P.108
　　──[労働保険] ページ（労災保険や雇用保険の情報を登録します）→ P.110
　　──[住民税・通勤手当] ページ（住民税情報や通勤手当の支給額、支給方法などの情報を登録します）→ P.111
　　──[給与支給] ページ（給与の振込先の銀行や支払い方法などの情報を登録します）→ P.114
　　──[賞与支給] ページ（賞与の振込先の銀行や支払い方法などの情報を登録します）→ P.117
　　──[中途・区分] ページ（中途入社の設定や休職の設定、区分などの情報を登録します）→ P.118

● 便利機能のご紹介
　　──短縮機能（社員情報の入力項目だけにカーソルが移動します）→ P.121
　　──初期値機能（設定した内容が初期表示されるので、同じ内容を複数登録する際に便利です）→ P.122
　　──付箋機能（メモを残したり、付箋内容や付箋の色で検索をかけることができます）→ P122

Chapter2 社員情報を登録する

▶ [基本] ページ

社員の生年月日、住所、役職や勤務地などの情報を入力します。

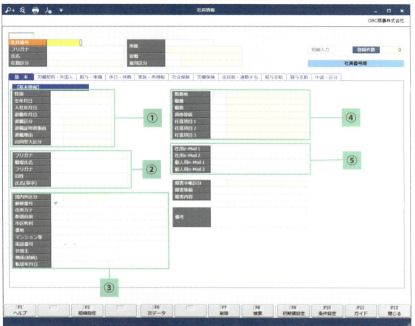

	入力内容とポイント
①	「生年月日」は、介護保険や厚生年金保険、雇用保険の対象であるかを年齢で判定する際に使用されますので正確に入力しましょう。 ※生年月日や入社年月日は、[運用設定]メニュー(P41)の暦表示によって、西暦・和暦が切り替わります。
②	必要に応じて、本名とは別に職場で通称として使用する名前を入力します。 ※たとえば、給与明細書の氏名欄の印字や、各種管理資料(例：[勤怠支給控除一覧表] メニューなど)に「職場氏名」を使用することが可能です。
③	社員の現住所を入力します。源泉徴収票などの印字に使用されます。 ※「郵便番号」欄で、[space]キーを押すと、「郵便番号辞書検索」画面が表示されます。該当する住所を選択して[OK]ボタンをクリックすると、「都道府県」「市区町村」などが自動で入力されるので便利です。
④	「職種」「職務」「資格等級」「任意項目1～3」は、[法人情報] - [組織規程] - [役職／職種]メニューで登録した項目を指定します。
⑤	必要に応じて、メールアドレスを入力します。 ※給与明細書をメールで配信したりWeb上で確認できるサービス『奉行クラウドEdge給与明細電子化』を利用することで、ここに登録したメールアドレス宛に通知ができます。 (『奉行クラウドEdge給与明細電子化』についてはP264をご参照ください)

Part 4

Part 4 社員情報の登録

▶ [給与・単価] ページ

給与体系や、給与の課税区分、基本給、単価などの情報を登録します。

	入力内容とポイント
①	■給与体系 正社員とパート社員などで、給与体系を分けている場合は、ここで社員ごとに指定します。 ※ [給与基本設定] メニューで「給与体系」を「使用する」とした場合に表示されます（詳細はP60）。 ■給与区分（0：月給　1：日給　2：時給　3：日給＋時給） 基本給の算出に使用します。
②	「課税区分」「年末調整区分」「給与所得区分」はそれぞれ該当するものを選択します（課税区分の説明は次ページの表をご覧ください）。
③	【計算単価情報】で、給与計算単価等を設定します。 「給与計算単価」の「給与支給1：基本給」では、次のように入力します。 　「月給」の場合：月額の基本給 　「日給」の場合：1日分の単価 　「時給」の場合：1時間分の単価 　「日給＋時給」の場合：日給分(1日分の単価)を、また、計算単価を組み込んだ計算式を設定している場合には、その計算単価も入力します。
④	残業単価が固定の場合はこちらに指定します（基準内単価を用いて残業単価を算出する場合は「¥0」のまま入力する必要はありません）。 ※詳細は、P70「残業手当や減額金の設定を行う」の残業単価の算出方法をご参照ください。

Chapter2　社員情報を登録する

「課税区分」は、次の中から選択します。

欄	説　明
0：計算不要	所得税を徴収しない場合に選択します。 給与（賞与）処理で課税支給額と課税対象額は計算されます。毎回の支払額が少ない等の理由で、給与支払の際の源泉徴収を省略する場合などに選択します。 例：年間の合計所得金額が 38 万円以下（年間の給与の収入金額が 103 万円以下）の　アルバイトなど
1：甲欄	「給与所得者の扶養控除申告書」を提出されている場合に選択します。 ・「年末調整区分」（［給与・単価］ページで設定）が「1：年調する」の場合は、自動的に「1：甲欄」が表示されます。 ・「1：甲欄」以外の場合は、自動的に年末調整区分に「0：年調不要」が表示されます。 ・「課税区分」（［給与・単価］ページで設定）が「1：甲欄」、災害者区分が「0：対象外」の場合は、自動的に年末調整区分（［給与・単価］ページで設定）に「1：年調する」が表示されます。 ・「1：甲欄」の場合は、自動的に住民税徴収方法（［住民税・通勤手当ページ］で設定）に「0：特別徴収」が表示されます。また、「1：甲欄」以外の場合は、自動的に住民税徴収方法に「1：普通徴収」が表示されます。 ※課税区分を変更しても、住民税徴収方法は変更されません。
2：乙欄	短期雇用（2 ヵ月以内）や日雇労働者の場合に選択します。所得税は計算されません。
3：丙欄	短期雇用（2 ヵ月以内）や日雇労働者の場合に選択します。所得税は計算されません。
4：報酬	原稿料・印税・弁護士報酬など、法定調書合計表の「報酬、料金、契約金及び賞金の支払い調書合計表」欄に記述を必要とする支払いの際に選択します。
5：非居住者	非居住者の場合に選択します。 ・「居住者区分」（［家族・所得税］で設定）が「1：非居住者」の場合は、自動的に「課税区分」に「5：非居住者」、年末調整区分に「0：年調不要」が表示されます。 ・「課税区分」が「5：非居住者」、居住者区分が「1：非居住者」で、「年末調整区分」を「1：年調する」に変更した場合は、自動的に「課税区分」に「1：甲欄」、居住者区分に「0：居住者」が表示されます。 ・「5：非居住者」の場合は、自動的に「居住者区分」に「1：非居住者」が表示されます。 ・社員が非居住者となる場合の「課税区分」は、国内の労働の対価として課税が発生し、所得税を徴収する場合は「5：非居住者」に、所得税を徴収しない場合は「6：課税不要」を選択します。
6：課税不要	課税支給額や課税対象額、所得税を計算しない場合に選択します。 ・「6：課税不要」の場合は、給与（賞与）処理で課税支給額と課税対象額、所得税についても計算されません。親会社からの出向社員等で、直接の給与支払はしていないが支払管理はしたい場合などに選択します。 例：一部手当の査定を自社で行い、親会社で給与支払をしている出向社員など ・社員が非居住者となる場合の「課税区分」は、国内の労働の対価として課税が発生し、所得税を徴収する場合は「5：非居住者」に、所得税を徴収しない場合は「6：課税不要」を選択します。

Part

4

Part 4 社員情報の登録

▶ [休日・休暇]ページ

有休休暇付与日数表の指定や、有休残日数の情報などを登録します。有休休暇付与日数表が1つしかない場合は、[初期値]機能を利用すると便利です。

※[初期値]機能については P122 をご確認ください。

入力内容とポイント

①
■**有休付与日数表**
社員用、パート用(など)適切なものを入力してください。

■**有休残日数　・有休残時間**
仮稼働直前の残日数を入力してください。例えば9月処理月の給与支給から給与奉行で管理していく場合は、8月処理月の給与支給が確定したタイミングの残を入力してください。

■**前回付与月、前回付与日数**
この項目の入力により、「有休残日数」と「前回付与日数」の差分が自動計算され、「内 前年度未消化分」に表示されます。つまりこれは、前々回に支給された分の残で、次回の付与時に切り捨てられる日数です。
社員全員を入力したら、今まで管理されている日数と正しいか確認するようにしましょう。

Chapter2　社員情報を登録する

▶ [家族・所得税] ページ

配偶者や扶養親族の氏名や続柄などの情報を登録します。家族の情報は、所得税の徴収などに大きく影響します。各項目をすべて正しく設定するようにしましょう。

	入力内容とポイント
①	「配偶者の有無」を選択します。ここでは、「1：配偶者あり」を選択しています。 　配偶者の「氏名」「性別」「生年月日」「同居区分」「扶養区分」「障害者区分」「健保扶養区分」を入力します。 　また、不扶養家族がいる場合は、それぞれの欄に入力します。 ※ [space] キーを押して、それぞれの区分検索画面から入力することができます。
②	【本人区分情報】を入力します。該当しなければ「対象外」を選択します。
③	【扶養人数情報】を入力します。 【家族情報】で入力した内容に基づいて自動計算されます。 　扶養の区分は、次の中から選択します。 {扶養区分表}

区　分	説　明
一般扶養親族	年齢 16 歳以上
特定扶養親族	年齢16歳以上23歳未満の場合
老人扶養親族	年齢 70 歳以上の場合
同居老親等	年齢70歳以上の直系尊属で、同居している場合
年少扶養親族	年齢16歳未満の場合

Part 4

107

Part 4 社員情報の登録

▶ [社会保険] ページ

社会保険の標準報酬や保険料などの情報を登録します。
健康保険料の徴収などに関わるため正しく設定するようにしましょう。

	入力内容とポイント
①	【社会保険情報】で、「基礎年金番号」と「社保加入区分」「月額保険料算出区分」「パート区分」を入力します。 ※ [space] キーを押して、それぞれの区分検索画面から入力することができます。
②	「健康保険」欄に健康保険に関する情報を入力します。 「健保標準報酬」では、[space] キーをクリックすると、[健康保険標準報酬月額一覧] 画面が表示されますので、等級、標準報酬月額、報酬月額を参照して入力することができます。
③	「厚生年金保険」欄に厚生年金保険に関する情報を入力します。
④	厚生年金基金に加入している場合には、「厚生年金基金」欄にも情報を入力します。
⑤	「厚年標準報酬」では、[space] キーをクリックすると、[厚年標準報酬月額一覧] 画面が表示されますので、等級、標準報酬月額、報酬月額を参照して入力することができます。

Chapter2 社員情報を登録する

「介護保険区分」は自動更新されます

「介護保険区分」は手動で「対象」にする必要はありません！
[給与処理]メニューで、給与処理月を更新したタイミングで、生年月日から自動判定されて、社員情報の「介護保険区分」が自動で更新されます！

▲[給与処理]メニューの社員情報更新画面
※詳細はP153「[給与処理]メニュー」をご確認ください。

Part 4 社員情報の登録

▶ [労働保険] ページ

労災保険や雇用保険の情報を登録します。

	入力内容とポイント
①	「雇用保険番号」に雇用保険の番号を入力します。 「労災保険区分」「雇用保険区分」を「計算する」にしておくと、それぞれの保険料が計算されます。 ■**事業区分** [事業区分]で登録していただいた区分を社員と関連付けます。複数登録している場合は必ず選択してください。 ■**従業員区分** 算定基礎賃金集計表でどう集計するかの単位になります。 ※[役職/職種]メニューの「役職」の「役員区分」項目に応じて、自動的に「役員」と判定されます。 ■**労災保険区分** 労災保険料を計算するかを設定します。労災計算しない社員は計算不要に変更してください。 ※従業員区分が「役員」の場合、自動的に「計算不要」となります。 ■**雇用保険区分** 雇用保険を計算するかを設定します。他の会社から出向してきている社員（給与の支払いをしない社員）、役員など雇用保険を徴収していない場合は計算不要に変更してください。 ※64歳以上である場合は「計算不要」ではなく、「免除高齢者」に設定します。

Chapter2 社員情報を登録する

▶ [住民税・通勤手当]ページ

住民税情報や通勤手当の支給額・支給方法などの情報を登録します。

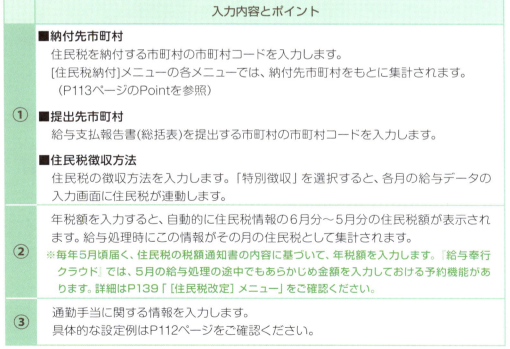

入力内容とポイント
① ■**納付先市町村** 住民税を納付する市町村の市町村コードを入力します。 [住民税納付]メニューの各メニューでは、納付先市町村をもとに集計されます。 　(P113ページのPointを参照) ■**提出先市町村** 給与支払報告書(総括表)を提出する市町村の市町村コードを入力します。 ■**住民税徴収方法** 住民税の徴収方法を入力します。「特別徴収」を選択すると、各月の給与データの入力画面に住民税が連動します。
② 年税額を入力すると、自動的に住民税情報の6月分～5月分の住民税額が表示されます。給与処理時にこの情報がその月の住民税として集計されます。 ※毎年5月頃届く、住民税の税額通知書の内容に基づいて、年税額を入力します。『給与奉行クラウド』では、5月の給与処理の途中でもあらかじめ金額を入力しておける予約機能があります。詳細はP139「[住民税改定]メニュー」をご確認ください。
③ 通勤手当に関する情報を入力します。 具体的な設定例はP112ページをご確認ください。

Part 4 社員情報の登録

通勤手当の具体的な設定例

・支給間隔が「0：毎月」の場合

1ヵ月あたりの非課税通勤費および課税通勤費を入力します。この金額が通勤手当として毎月支給されます。

例：

支給間隔	毎月
支給方法	通勤手当に影響しません。
支給開始月	通勤手当に影響しません。
支給額	10,500円（1カ月分）
※備考	10,500円が毎月支給される

・支給間隔が「1：2ヵ月」「2：3ヵ月」「3：6ヵ月」の場合

2ヵ月、3ヵ月、6ヵ月あたりの非課税通勤費および課税通勤費を入力します。

＜支給方法が「0：一括」の場合＞

支給開始月から起算して支給間隔の1ヵ月目にあたる月に一括して（まとめて）支給する通勤手当として支給されます。

例：

支給間隔	3カ月
支給方法	一括
支給開始月	4月
支給額	48,100円（3カ月分）
※備考	4月、7月、10月、1月に48,100円が支給され、その他の月には支給されない

＜支給方法が「1：月割」の場合＞

非課税通勤費および課税通勤費を支給間隔の月数で割った金額が、通勤手当として毎月支給されます。

※円未満の端数が生じた場合は、支給開始月の給与に加算されます。

例：

支給間隔	3カ月
支給方法	月割
支給開始月	4月
支給額	48,100円（3カ月分）
※備考	4月、7月、10月、1月に16,034円が支給され、その他の月に16,033円が支給される

＜支給間隔が「0：毎日」の場合＞

1日あたりの支給額を入力します。
以下の金額が通勤手当として支給されます。

通勤手当 ＝ 支給額 ×（出勤日数 ＋ 休出日数）

※出勤日数および休出日数に1日未満の端数がある場合は、それぞれ切り上げた日数で計算されます。

例：

支給間隔	毎日
支給方法	通勤手当に影響しません
支給開始月	通勤手当に影響しません
支給額	880円（1日あたり）
非課税通勤費	0円
課税通勤費	0円
出勤日数	16.0日
休出日数	0.5日（1.0日として計算）
※備考	（16.0日＋1.0日）×880円＝14,960円が支給される。毎月の給与処理で出勤日数から計算した通勤費が非課税限度額を超えた場合は、課税通勤手当欄に課税分を表示

Chapter2 社員情報を登録する

参 考

電車とバスを使用している場合など交通機関を2つ以上使用している場合は、「通勤手当2」、「通勤手当3」もあわせて使用します。また、「通勤手当3」は交通用具（自動車など）を使用している場合に使用します。

ここがPOINT♪

住民税の納付をFBデータで行う場合に追加で必要な設定

[社員情報登録]メニューの「住民税・通勤手当」ページで、「納付先市町村」「提出先市町村」を登録することで、[市町村]メニューにマスターとして登録されます。

ただし、FBデータ作成に必要な設定は追加で入力する必要がありますので、全社員の指定が完了したら、[法人情報]-[市町村] -[市町村]メニューでFBデータ作成に必要な項目を設定しましょう！

＜手順＞
1. [法人情報]-[市町村] -[市町村]メニューを選択します。
2. コード欄で[space]キーを押し、[登録済市町村]をクリックします。
   （社員情報登録で指定した市町村のみ表示されます）

3. [基本]ページで情報を入力します。
   （FBデータに必要な情報：「市町村名カナ」「指定番号」「法人口座」）

Part 4 社員情報の登録

▶ [給与支給] ページ

給与の振込先の銀行や支払い方法などの情報を登録します。

	入力内容とポイント
①	「給与支給方法」を選択します。「振込のみ」「現金のみ」「振込＋現金」から選択することができます。ここでは、「振込のみ」を選択しています。
②	「支給区分」を選択し、「固定定額金額」や「支給率」を入力します。
③	「法人口座」に登録済みの法人口座の情報を入力します。
④	「振込先銀行」は、給与を振り込む社員の預金口座です。 「銀行コード」「支店コード」を入力しますが、それぞれの入力欄で [space] キーを押すと、検索画面が開き、銀行コード・支店コードの一覧を参照することができます。
⑤	「端数調整」で、設定した端数調整金額未満の金額の支給方法を設定します。「振込」「現金」「翌月繰越」から選択することができます。

Chapter2　社員情報を登録する

・振込先銀行を2行に分ける場合の設定例
　（固定金額を使用）

　差引支給額が250,000円の場合に、「振込先銀行1」に150,000円、「振込先銀行2」に残額を振り込む場合

支給方法	0：振込のみ
「振込先銀行1」の支給区分	2：定額
「振込先銀行1」の固定金額	150,000円
「振込先銀行2」の支給区分	4：残額

給与処理では、次のように表示されます。
　差引支給額　：　250,000円
　銀行1振込額　：　150,000円
　銀行2振込額　：　100,000円

・振込先銀行を2行に分ける場合の設定例
　（支給率を使用）

　差引支給額が230,000円の場合に、「振込先銀行1」にその70％、「振込先銀行2」に残額を振り込む場合

支給方法	0：振込のみ
「振込先銀行1」の支給区分	3：定率
「振込先銀行1」の固定金額	70％
「振込先銀行2」の支給区分	4：残額

給与処理では、次のように表示されます。
　差引支給額　：　230,000円
　銀行1振込額　：　161,000円
　銀行2振込額　：　69,000円

Part 4 社員情報の登録

- 差引支給額の一部を銀行に振り込み、残額を現金支給する場合の設定例

    差引支給額が250,000円の場合に、「振込先銀行1」に100,000円、残額を現金で支給する場合

支給方法	2：振込＋現金
「振込先銀行1」の支給区分	2：定額
「振込先銀行1」の固定金額	100,000円
「振込先銀行2」の支給区分	4：残額

    給与処理では、次のように表示されます。
    　　差引支給額　：　250,000円
    　　銀行1振込額　：　100,000円
    　　銀行2振込額　：　150,000円

- 端数金額を翌月の給与に繰り越す場合の設定例

    差引支給額が254,600円の場合に、1000円に満たない600円を翌月に繰り越す場合

支給方法	0：振込のみ
「振込先銀行1」の支給区分	1：全額
「端数調整」	3：翌月繰越

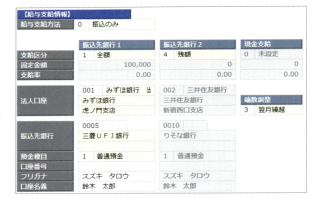

    給与処理では、次のように表示されます。
    　　差引支給額　：　254,600円
    　　銀行1振込額　：　254,000円
    　　銀行2振込額　：　　　600円（翌月の給与処理の「前月繰越」に表示される）

参考

何円未満を端数とするかは、[法人情報] - [給与規程] - [給与基本設定]メニューの[基本]ページの端数調整金額で設定します。

Chapter2 社員情報を登録する

▶ [賞与支給]ページ

賞与の振込先の銀行や支払い方法などの情報を登録します。

	入力内容とポイント
①	「賞与支給方法」を選択します。「振込のみ」「現金のみ」「振込+現金」から選択することができます。 ここでは、「振込のみ」を選択しています。
②	[F2:銀行複写]ボタンをクリックすることで、[給与支給]ページの内容と同様の内容を複写することができるので便利です!

Part 4 社員情報の登録

▶ [中途・区分] ページ

中途入社の設定や休職の設定、区分などの情報を登録します。

		入力内容とポイント
①		中途入社の場合は、【中途入社情報】を入力します。 「中途収入金額」「中途社会保険」「中途所得税」を入力すると、前職の分も含めて正しい年末調整を行うことができます。 ■**中途区分** 　中途入社の場合は「1：中途入社」を指定します。 ■**中途収入金額／中途社会保険/中途所得税** 　中途入社の場合はこの金額が源泉徴収票の摘要欄に印字されます。 ※期中導入の場合は、次ページのポイントをご参照ください。
②		社員が休職した場合は、【休職情報】を入力します。
③		【区分情報】では、あらかじめ「区分登録」で登録しておいた区分を入力します。 [space] キーを押すと、「区分検索」画面が表示されますので、「区分コード」選択して入力できます。

Chapter2 社員情報を登録する

期中導入の場合

年末調整処理を行うためには、1年間（1月～12月）の支給金額などを確定させなければなりません。

期中導入する場合は、【中途入社情報】を利用して収入金額、社会保険、所得税欄に導入月前の合計金額（賞与を含む）を一括で入力することで、正しい年末調整を行うことができます。

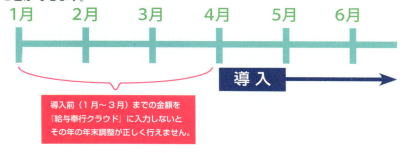

導入前（1月～3月）までの金額を『給与奉行クラウド』に入力しないとその年の年末調整が正しく行えません。

■登録方法

[社員情報登録]メニューの[中途・区分]ページで、「中途区分」を[0：中途入社以外]を選択して、1月・2月・3月の合算金額を入力しましょう。

【中途入社情報】		
中途区分	0	中途入社以外
中途収入金額		983,355
中途社会保険		148,425
中途所得税		30,870

※注意
・この方法の場合は、導入前の月までの賃金台帳は出力できません。
・源泉徴収簿などにおいて各月（回）ごとの明細には表示されず、中途調整収入として表示されます。

⇒導入前の月に関しても『給与奉行クラウド』で賃金台帳を出力したい場合は、上記方法ではなく、[給与過去データ入力]メニューで各月ごとに金額を入力していただく必要があります。

Part 4

119

Part 4 社員情報の登録

参考 社員が休職・復職した場合

● 社員が休職した場合

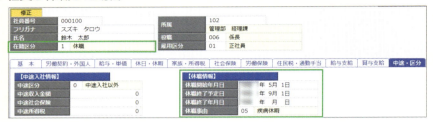

① 「休職開始年月日」を入力します。
　「在籍区分」が「1：休職」に変更されます。
② 必要に応じて「休職終了予定日」の入力や「休職事由」を選択します。

・休職事由が産前産後休業（産前産後休業対象区分で選択した区分）の場合
　給与処理や賞与処理で社会保険料が控除されません（休職開始年月日 から自動判定されます）。

・休職事由が育児休業（育児休業対象区分で選択した区分）の場合
　給与処理や賞与処理で社会保険料が控除されません（休職開始年月日 から自動判定されます）。

※給与処理では、「休職時支給対象」または「休職時控除対象」が「0：対象外」の支給控除項目については、0円で表示されます。

● 社員が復職した場合

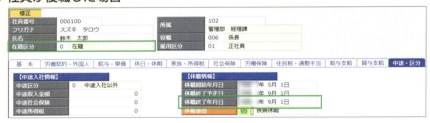

① 「休職終了年月日」を入力します。
　「在籍区分」が「0：在籍」に変更されます。

Chapter2 社員情報を登録する

社員情報入力の便利機能

▶ 短縮入力

短縮する項目を設定すると、社員情報を入力する際に、入力する項目だけにカーソルを移動させることができます（短縮する項目にはカーソルは移動しません）。
例えば、新入社員の登録時に最低限必要な情報だけを入力する場合や、よく変更する項目が決まっている場合などに、あらかじめ設定しておくと便利です。

● 短縮入力の設定

① [社員情報] 画面、下の [F3:短縮設定] ボタンをクリックします。
短縮設定のモードに切り替わり、画面右上に「短縮設定」と表示されます。

② 短縮入力する際に、入力を省略する項目（短縮する項目）をクリックします。
入力をする項目は白色、入力を省略する項目は緑色で表示されます。

③ [登録] ボタンをクリックします。

● 短縮入力の手順

① [社員情報] 画面、下の [F10:条件設定] ボタンをクリックします。
[社員情報-条件設定] 画面が表示されます。

② 「入力条件」で「短縮入力をする」のチェックボックスにチェックを付けます。

③ [画面] ボタンをクリックします。

※「短縮する項目」に設定された場合でも、クリックすると入力できます。

Part 4

Part 4 社員情報の登録

▶ 初期値設定

各項目の初期値を設定すると、新しい社員を登録する際には、設定した内容が初期表示されます。例えば、4月1日入社の社員を登録する際に、同じ入社年月日や給与体系などを登録する場合などに、初期値をあらかじめ登録しておくと便利です。

① [社員情報] 画面、下の [F9:初期値設定] ボタンをクリックします。
初期値設定のモードに切り替わり、画面右上に「初期値設定」と表示されます。

② 「入社年月日」に初期値を入力します。

③ [登録] ボタンをクリックします。

参 考
Reference

初期値に設定した内容を解除する場合は、[初期値設定] ボタンをクリックし、初期値設定のモードに切り替えて、入力済みの内容を削除してください。

▶ 付箋機能

社員情報の入力時や参照時に、社員に付箋を貼ってメモを残せます。
・貼った付箋は他の利用者も参照、変更ができます。
・給与処理や勤怠支給控除一覧表など、他のメニューでも付箋を貼ったり、参照したりできます。
・社員を検索する際に、付箋の色やメモ内容を指定して検索できます。
・色は6色、メモ内容は400文字まで入力できます。ただし、印刷できません。

Chapter2 　社員情報を登録する

● 付箋を貼る

休職中で特定の項目に支給または控除がある社員について、付箋を貼る場合を例にしています。

① [社員情報] 画面の「社員番号」に、付箋を貼る社員の番号を入力します。

② [社員情報] 画面の [付箋] ボタンをクリックします。
付箋の画面が表示されます。

③ 色を選択してメモ内容を入力し、[貼る] ボタンをクリックします。

④ [社員情報] 画面の「社員番号」欄の右に、選択した色の付箋が表示されます。
付箋にマウスポインタを重ねると、入力したメモ内容が表示されます。

● 付箋をはがす

貼った付箋を、必要に応じてはがすことができます。

① はがす対象の付箋をダブルクリックします。
付箋の画面が表示されます。

② [社員情報] 画面の [付箋] ボタンをクリックします。
付箋の画面が表示されます。

③ 色を選択してメモ内容を入力し、[はがす] ボタンをクリックします。

※付箋が貼られた社員の中から、付箋の色やメモの内容が一致する社員だけを検索することができます。
（次ページ参照）

Part 4

Part 4 社員情報の登録

▶ 付箋検索

付箋が貼られた社員の中から、付箋の色やメモの内容が一致する社員だけを検索することができます。また、必要に応じて、複数の条件を組み合わせて検索することもできます。
・指定した色の付箋が付いた社員を検索できます。
・メモの内容が一致する社員を検索できます。

① [社員情報一括登録-条件設定]画面の[基本]ページの「処理区分」で「修正」または「参照」を選択します。

② [付箋検索]ページの「付箋」で、「条件」「検索項目」「絞り込み内容」を指定します。
ここでは、赤い付箋を貼った社員を検索する設定となっています。

※[条件追加]ボタンをクリックすると、「条件：03」が追加されます。

※[組み合わせ指定]をクリックすると、条件を指定するエリアが表示され、「かつ」「または」の条件を指定することができます。

③ [画面]ボタンをクリックします。

④ [社員情報一括登録]画面が表示され、検索条件に合う社員のみが表示されます。

Chapter3 社員情報の一括登録

社員情報の一括登録

複数の社員のデータを一括で入力・修正することができます。同じ項目を一括で修正したい場合や、複数の社員を同時に登録していきたい場合に便利な登録方法です。

はじめに、社員情報を入力する際の条件を設定し、入力する社員の順序とその範囲、短縮入力の有無などを設定します。

① メニュー一覧の [社員情報] から、[社員情報一括登録] メニューを選択します。

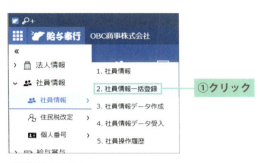

② [社員情報一括登録] 画面に続いて、[社員情報一括登録-パターン選択] 画面が表示されます。該当するパターン名を選択し、[OK] ボタンをクリックします。

※[新規]ボタンをクリックすることで、「新規社員用」や「修正用」など、用途に応じて独自のパターンを作成できます。

③ [基本] ページで「処理区分」を選択します。
 ・**新規**：社員情報を新たに入力・登録する際に選択します。
 ・**修正**：登録済みの社員情報を修正する際に選択します。
 ・**参照**：登録済みの社員情報を参照（閲覧）する際に選択します。
 ここでは、「新規」を選択しています。

Part 4 社員情報の登録

④ [入力項目] ページで「項目種別」を目的に合わせて選択します。ここでは「基本」を選択しています。

⑤ 「選択項目」から該当する項目名を選択し、[選択] ボタンをクリックして「選択済項目」に移動します。

　[▲] ボタンや [▼] ボタンなどで、「選択済項目」の並び順を変更することができます。

⑥ [画面] ボタンをクリックします。

⑦ [社員情報一括登録] 画面が表示されます。このとき、画面左上に「新規」と表示されます。
※ ③で修正を選択している場合は「修正」、参照を選択している場合は「参照」と表示されます。

⑧ 社員情報を入力します。

⑨ 入力が終了したら [登録] ボタンをクリックします。

参 考 　社員情報一括登録で社員情報を修正する場合

① [社員情報] から [社員情報一括登録] メニューを選択します。
表示された [社員情報一括登録 - パターン選択] 画面から、該当するパターン名を選択し、[OK] ボタンをクリックします。

Chapter3　社員情報の一括登録

②［社員情報一括登録 - 条件設定］画面が表示されますので、［基本］ページの「処理区分」で「修正」を選択します。

③必要に応じて「入力対象」「入力順序」「範囲指定」「入力条件」などを変更します。

④［入力項目］ページで、必要に応じて「選択済み項目」などを変更しし、［画面］ボタンをクリックします。

⑤［社員情報一括登録］画面が表示されます。このとき、「修正」と表示されます。

⑥社員情報を修正します。

⑦修正が終了したら［登録］ボタンをクリックします。

Part 4 社員情報の登録

Chapter 4

社員情報のCSVファイルでの一括受入

CSVファイルで社員情報のデータを一括で受け入れることができます。導入時に、社員数が多く手入力していくのが大変な場合などは、こちらの方法で一括で受け入れることをオススメします。

効率的な受け入れ方法

❶ まずは1人の社員を[社員情報登録]メニューで登録します。

❷ [社員情報データ作成]メニューで、❶の社員をCSVファイルに出力します。
⇒これで受け入れるテンプレートを作成することができます。

❸ ❷で出力したCSVファイルに、他の社員の情報を入力していきます。
（今まで利用していた給与計算システムで出力した社員情報の内容をコピー＆ペーストするとより効率的です）

❹ [社員情報データ受入]メニューで、❸のCSVファイルを指定して受け入れます。
※受け入れ方法はこのあとの操作手順をご確認ください。

Chapter4 社員情報のCSVファイルでの一括受入

社員情報データ作成

『給与奉行クラウド』で登録した社員データを、CSV形式、Excelファイル形式などで、別ファイルとして保存することができます。CSVファイルで一括受入時のテンプレートの作成用途や、登録済みの社員情報をExcelで一覧で出力したい場合に利用します。

①メニュー一覧の[社員情報]から、[社員情報データ作成]メニューを選択します。

②[社員情報データ作成-パターン選択]画面が表示されます。該当するパターン名を選択し、[OK]ボタンをクリックします。

③[社員情報データ作成-データ作成条件設定]画面が表示されます。

④[基本]ページで「出力順序」「範囲指定」を選択します。
必要に応じて、「退職社員を含めて作成する」のチェックボックスにチェックを付けます。

Part 4 社員情報の登録

⑤ [出力ファイル] ページで「出力ファイル形式」「文字コード」を選択します。

※ ●Excel形式のファイル
　⇒Excelに罫線・色付きで出力することができます。
　●テキスト形式のファイル
　⇒CSVファイルに出力することができます。
　「カンマ区切」「タブ区切」「OBC受入形式」から選択します。
　受け入れるためのテンプレートを作成する場合は、こちらを選択します（OBC受入形式についてはP137をご参照ください）。

⑥「出力先ファイル」の [参照] ボタンをクリックして、ファイルの出力先（保存場所）を指定します。ファイル名を入力して [保存] ボタンをクリックします。

⑦ [出力項目] ページで、ファイルに出力したい項目を選択します。ここでは「基本」を選択しています。
　「選択項目」から該当する項目名を選択し、「選択済項目」に移動します。

⑧ [出力開始] ボタンをクリックします。

⑨ [社員情報データ作成] のメッセージボックスが表示されます。
　続けて操作をする場合は、[OK] ボタンをクリックして [社員情報データ作成-パターン選択] 画面を表示します。
　作業を終了させる場合は、[キャンセル] ボタンをクリックします。

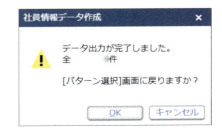

Chapter4 社員情報の CSV ファイルでの一括受入

社員情報データ受入

CSV 形式や Excel ファイル形式で作成された社員情報データを、『給与奉行クラウド』に受け入れる（取り込む）ことができます。

▶ データ受入の2つの方法

1 独自の形式を指定して受け入れる

受入元のCSVファイルの各列の項目名と、『給与奉行クラウド』の項目を関連付けてから受け入れる方法です。一度、関連付けておけば、次回以降は関連付けの設定は不要のため、定期的にデータを受け入れる場合に便利です。

受け入れるデータ

項目名

2 『給与奉行クラウド』で用意されている形式にあわせて受け入れる

受入元のCSVファイルの1行目に、『給与奉行クラウド』で項目ごとに用意している受入記号を記入してから受け入れる方法です。
『給与奉行クラウド』で項目の紐づけ作業を行うことなく受け入れを行うことができます。

受け入れるデータ

『給与奉行クラウド』に受け入れるための記号

Part 4

Part 4 社員情報の登録

Reference

参考　データ受入形式一覧表（OBC受入形式）について

『給与奉行クラウド』の受入形式の詳細は、『給与奉行クラウド』のヘルプからダウンロードして確認することができます。

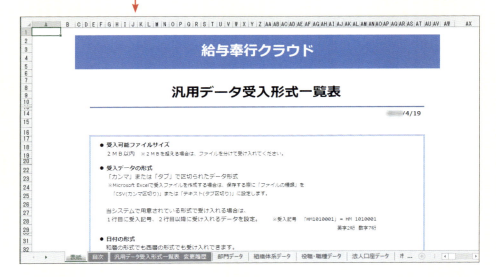

※ヘルプページは「データ受入形式」で検索してください。

Chapter4　社員情報のCSVファイルでの一括受入

データ受入の手順

ここでは、独自形式でのデータ受入手順を解説します。事前に他のシステムから出力した受入処理用データを準備しておく必要があります。

① メニュー一覧の [社員情報] から、[社員情報データ受入] メニューを選択します。

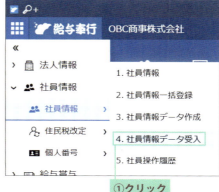
①クリック

② [社員情報データ受入] 画面に続いて、[社員情報データ受入-データ受入条件設定] 画面が表示されます。

③ [受入ファイル] ページの「受入ファイル形式」を選択します。独自の形式で受け入れる場合は、[形式作成]ボタンをクリックします。

<OBC受入形式>
⇒『給与奉行クラウド』で用意されている形式にあわせて受け入れる場合は、「OBC受入形式」を選択して、[受入開始]ボタンをクリックすると受入が開始されます。④以降の作業は必要ありません。

④ [社員情報データ受入-受入ファイル形式選択] 画面が表示されます。[新規] ボタンをクリックします。

Part 4 社員情報の登録

⑤[社員情報データ受入-受入ファイル形式作成]画面（CSVファイルの項目との関連付けを行う画面）が表示されます。
「受入ファイル形式名」欄に任意の名前を入力します。

⑥[参照]ボタンをクリックし、「受入元ファイル」を指定します。

⑦「項目とファイルの関連付」に項目名やデータが表示されます。
「受入開始行」を指定します。
ここでは、2行目を指定します。
※実際に受け入れるデータは2行目以降になります。

⑧「項目とファイルの関連付」の項目名が空欄の箇所をクリックし、項目名を選択して関連付けを行っていきます。

⑨関連付けが完了したら[OK]ボタンをクリックし、形式を登録します。
※この作業を一度行えば、次回以降はこの形式を使って受け入れることができます。

Chapter4 社員情報のCSVファイルでの一括受入

⑩ [社員情報データ受入-データ受入条件設定] 画面の表示に戻ります。
[受入ファイル] ページで「受入ファイル形式」と「受入元ファイル形式」を確認し、[受入開始] ボタンをクリックします。

⑪ [社員情報データ受入-受入結果] 画面が表示され、受入が完了します。
受入結果を画面で確認できますし、結果リストを印刷・PDFに出力することもできます。

⑫ [社員情報データ受入] 画面が表示され、受入済データの一覧が表示されます。

Part 4 社員情報の登録

データの受入中でも別の作業を行えます♪

データの受け入れはクラウド上で行われますので、受入中にメニューを閉じても継続して受入処理を行うことが可能です。もちろんPCをシャットダウンしても受入処理は継続されますので、夜間に受入を行って、次の日の朝にPCを起動して結果を確認といったことも可能です。

※受入が開始されると以下のメッセージが表示されます。メニューを閉じて処理は続行させたい場合は、[閉じる]ボタンを押してください。

さすがクラウド♪
便利ですね！

データ作成の方法や、データ受入の方法について「社員情報」をベースに解説しましたが、「給与奉行クラウド」では、他の各マスター（部門や区分など）や、給与・賞与など様々なデータのデータ作成・受入が可能です。
同様の手順で操作できますので、ここでの内容を参考に、必要に応じて利用してください。

※データ作成・受入が可能なデータは以下にメニューが集約されています。

Chapter4 社員情報のCSVファイルでの一括受入

参考　OBC受入形式のデータ

「ＯＢＣ受入形式」でデータを受け入れるためには、「奉行クラウド」で用意されている受入記号を記入したデータを用意しておく必要があります。
そのためには、受入記号がセットされているテンプレートファイルを作成する必要があります。
テンプレートファイルは、次の手順で作成します。

① メニュー一覧の［社員情報］から、［社員情報データ作成］メニューを選択します。

※ ［ツールバー］-［汎用データボタン］-［汎用データ作成］をクリックし、表示された［汎用データ作成］画面で［社員情報］ページを選択、［社員情報データ作成］をクリックしても同様です。

② 表示された［社員情報データ作成 - パターン選択］画面の［新規］ボタンをクリックします。

［社員情報データ作成 - データ作成条件設定］画面が表示されます。

③ ［基本］ページで、必要に応じて出力するデータを指定します。

④ ［出力ファイル］ページで、「出力ファイル形式」は「テキスト形式のファイル」、「作成形式」は「OBC受入形式」を選択します。
「出力先ファイル」の［参照］ボタン

をクリックして、［名前を付けて保存］ダイアログボックスを表示します。
ファイルの出力先（保存場所）を指定し、ファイル名を入力して［保存］ボタンをクリックします。

Part 4 社員情報の登録

⑤ [出力項目] ページで「選択項目」から該当する項目名を選択し、「選択済項目」に移動します。

⑥ 「パターン名」欄に登録するパターン名を入力して、[出力開始] ボタンをクリックします。

⑦ [社員情報データ作成] のメッセージボックスが表示されます。
[キャンセル] ボタンをクリックして、メッセージボックスと画面を閉じます。

⑧出力したファイルを開き、ファイルを修正します。
・1 行目は、受入記号なので削除しません。
・A 列は、社員番号なので削除しません。
※受入をしない社員は、A 列の社員番号も削除します。
・セル B2 以降のデータを削除します。

⑨必要に応じてファイル名を変更し、保存します。

● 修正したファイルを保存する際に、Excel のメッセージが表示された場合は、[はい] ボタンをクリックして、CSV 形式で保存します。

138

Chapter5　新しい住民税を登録する

Chapter 5　新しい住民税を登録する

毎年6月から変わる住民税の金額、納付先市町村や住民税の徴収方法を予約登録します。

[住民税改定] メニュー

改定予定の住民税を予約登録することができるメニューです。
毎年5月頃届く住民税の税額通知書の内容に基づいて、このメニューで随時入力しておくことで、[給与処理] メニューで、6月の給与処理月に更新する際に、一括で社員情報を新しい住民税に更新することが可能です。

6月の給与処理よりも前に通知書に基づいて入力しておきたい場合に便利な機能のため、積極的に活用しましょう。

参考

市町村から特別徴収税額通知データ（総務省通達形式CSV）が送付されている場合は、[社員情報] - [住民税改定] - [特別徴収税額通知データ受入] メニューから受け入れすることができます。

▶ [住民税改定] メニューの操作方法

①メニュー一覧の [社員情報] から、[住民税改定] - [住民税改定] メニューを選択します。

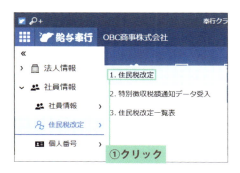

Part 4 社員情報の登録

② [住民税改定] 画面に続いて [住民税改定-条件設定] 画面が表示されます。
　[基本] ページで、必要に応じて「集計方法」「入力項目」を変更します。
　「処理方法」は、「予約登録」を選択します。

③ [画面] ボタンをクリックします。

④ [住民税改定] 画面が表示されます。
　それぞれの「年税額」を入力します。

※「年税額」を入力すると、「初回6月分」「7月分以降」が自動計算されます。

⑤ 入力が終了したら、[登録] ボタンをクリックします。

参考 Reference

[住民税改定] メニューに登録しておくことで、6月の給与処理を行うタイミングで自動更新されるので、別途社員情報登録メニューで1人ずつ登録する必要はありません。

Chapter5 新しい住民税を登録する

▶ 特別徴収税額通知データ受入

給与支払報告書を磁気ディスクで市町村へ提出した場合に、市町村から送付される特別徴収税額通知データ（総務省通達形式 CSV）を受け入れます。

参 考

処理方法が「即時登録」の場合は、受け入れと同時に、「予約登録」の場合は、給与処理月を6月に進める際に[社員情報]メニューの[住民税・通勤手当]ページの住民税情報に反映します。

①メニュー一覧の[社員情報]から、[住民税改定] - [特別徴収税額通知データ受入]メニューを選択します。

②[特別徴収税額通知データ受入]画面に続いて[特別徴収税額通知データ受入-データ受入条件設定]画面が表示されます。
　「処理方法」を選択して、「受入元フォルダ」でファイル名を指定します。

③[受入開始]ボタンをクリックします。

④[特別徴収税額通知データ受入-受入結果]画面が表示されますので、「処理件数」などを確認します。
　必要に応じて[画面]ボタンや[データ作成]ボタンをクリックして、作業を継続します。
　終了する場合は、[閉じる]ボタンをクリックします。

注 意

[源泉徴収票-条件設定]画面の[表示]ページにある「受給者番号表示」が「表示なし」の場合は、特別徴収税額通知データを受け入れられません。あらかじめ、社員情報と特別徴収税額通知データの受給者番号を紐付ける受給者番号表示を設定してください。

Part 4 社員情報の登録

▶ 住民税改定一覧表

住民税改定メニューで設定した内容を一覧形式で確認したい場合に利用します。

① メニュー一覧の[社員情報]から、[住民税改定]-[住民税改定一覧表]メニューを選択します。

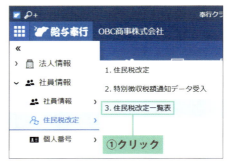

② [住民税改定一覧表-条件設定]画面が表示されます。
必要に応じて「集計方法」を指定します。

● 印刷

[住民税改定一覧表-条件設定]画面の[印刷]ボタンをクリックすることで、[住民税改定]メニューで設定した内容を、印刷することができます。

印刷イメージ▶

Chapter6 社員の個人番号を登録する

Chapter 6 社員の個人情報を登録する

『給与奉行クラウド』に社員およびその家族の個人番号を
登録する方法について記載します。

▌個人番号の取り扱い

『給与奉行クラウド』では、社員およびその家族の個人番号（マイナンバー）をクラウド上に保管することができます。
本人確認書類とマイナンバーのデータを暗号化・分割してマイナンバー専用のデータ領域に自動保管します。ですので、高いセキュリティレベルを保ちながら安心して業務を行えます。

▶ 個人番号の利用権限について

『給与奉行クラウド』を複数担当者で利用するケースの場合、個人番号を取り扱う担当者を制限することが可能です。
⇒詳細は P33「Part 2 セキュリティ」をご確認ください。

それでは次ページから、個人番号を一括で入力するメニューや、履歴を確認する方法を見ていきましょう！

Part 4 社員情報の登録

[個人番号一括入力] メニュー

個人番号を取り扱う担当者が、社員から提出された個人番号を『給与奉行クラウド』に一括で登録します。

注 意

『給与奉行クラウド』に個人番号を登録する前に、必ず本人確認を済ませてください。正社員だけでなく、パートやアルバイトも含めた個人番号を収集するすべての従業員に対して、「本人の実在性」と「番号の真正性」を確認する必要があります。

① メニュー一覧の[社員情報]から、[社員情報]-[個人番号]-[個人番号一括入力]メニューを選択します。

② [個人番号一括入力]画面に続いて[個人番号一括入力-条件設定]画面が表示されます。

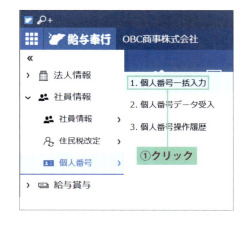

③ [基本]ページの「処理区分」で、個人番号に対してどの処理を行うのかを選択します。

個人番号が登録されていない社員の個人番号を入力する場合や、社員の扶養家族が増えて、その個人番号を入力する場合は、「入力」を選択します。

すでに個人番号が登録されていて、あとから確認書類などを登録する場合や、登録されている個人番号や確認書類を修正する場合は、「修正」を選択します。

必要に応じて「入力順序」や「範囲指定」を選択します。

Chapter6　社員の個人番号を登録する

④ [詳細] ページの「表示基本情報」で、表示する情報の項目のチェックボックスに必要に応じてチェックを付けます。

　「確認書類」で、個人番号と一緒に保管する確認書の書類名のチェックボックスにチェックを付けます。

⑤ [画面] ボタンをクリックします。

参考

- **番号確認書類**
  個人番号カードの裏面や通知カード、個人番号が記載された住民票の写しなど
- **身元確認書類**
  運転免許証やパスポートなど

　確認者と日付を登録する場合は、「確認者／確認日付1」のチェックボックスにチェックを付け、確認者と日付を入力します。

⑥ [個人番号一括入力] 画面が表示されます。
　「個人番号」欄に、本人確認が済んだ個人番号を入力します。

　「番号確認書類」欄をクリックすると、[参照] ボタンが表示されます。

　[参照] ボタンをクリックして、番号確認書類を指定します。

　同様の手順で、身元確認書類1と身元書類確認2を指定します。

⑦ すべての入力が終了したら、[登録] ボタンをクリックします。

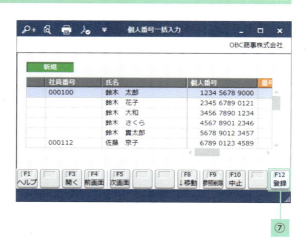

Part 4

Part 4 社員情報の登録

参 考

画面に表示される社員の家族は、[社員情報] メニューの [家族・所得税] ページで、扶養区分が「0：控除対象外」以外、または健保扶養区分が「1：加入」に設定されている家族です。
個人番号を登録した後に、再度、[個人番号一括入力－条件設定] 画面の処理区分を「入力」で開いた場合は、すでに個人番号が登録されている家族は表示されません。

[個人番号操作履歴] メニュー

利用者が個人番号を操作した履歴を確認することができます。

① メニュー一覧の [社員情報] から、[社員情報] - [個人番号] - [個人番号操作履歴] メニューを選択します。

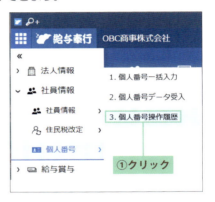

② [個人番号操作履歴] 画面に続いて、[個人番号操作履歴-条件設定] 画面が表示されます。

③ 操作日時やキーワードなどを指定して、条件を設定します。

④ [画面] ボタンをクリックします。

146

Chapter6　社員の個人番号を登録する

参 考

「検索キーワード」欄には、操作区分、社員番号、氏名、操作システム、処理内容、OBCiD、IPアドレスのいずれかを入力すると、入力内容と完全に一致した履歴が表示されます。
すべての履歴を確認する場合は、空欄にします。

⑤ [個人番号操作履歴] 画面が表示されます。
検索条件に一致したデータが表示されます。
履歴の内容を確認し、[閉じる] ボタンをクリックします。

Part 4

147

Part 5

給与業務を行う

Chapter 1　給与業務を行う前の基礎知識

Chapter 2　給与データの入力を行う

Chapter 3　給与データを一覧で確認する

Chapter 4　給与明細書を印刷する

Chapter 5　銀行に振り込む

Chapter 6　住民税を納付する

Chapter 7　所得税を納付する

Chapter 8　賞与データの入力を行う

Chapter 9　管理帳票

Part 5 給与業務を行う

給与業務を行う前の基礎知識

『給与奉行クラウド』で行う給与業務について、基本となる内容を解説します。

毎月の給与業務の流れ

給与が毎月間違いなく従業員に支払われているということは、毎月の給与業務がきちんと行われているということ。ここで毎月の給与業務の流れを確認しましょう。

1 給与データの入力を行う ⇒ P152

各従業員の給与データを『給与奉行クラウド』に入力して行きます。入力方法は、「一人ずつ入力する」「複数を一括で入力する」「入力済みの既存データを受け入れる」の3種類あります。

2 給与データを一覧で確認する ⇒ P159

入力したデータが正しいかを確認しましょう。次の管理帳票を使います。
①勤怠支給控除一覧表　⇒ P179
②区分別一覧表　　　　⇒ P181

3 給与明細書を印刷する ⇒ P160

各従業員に手渡しする給与明細書を印刷します。

4 銀行に振り込む ⇒ P163

銀行振込の方法は、「振込依頼書」で依頼する方法と、「FBデータ」を使う方法の2種類あります。

5 住民税を納付する ⇒ P167

従業員ごとに納付先が異なる住民税。銀行振込と同じようにやはり「振込依頼書」と「FBデータ」の2種類の方法があります。

Chapter 1 給与業務を行う前の基礎知識

6 所得税を納付する ⇒ P170

所得税の納付書に転記するための資料を出力します。

7 賞与データの入力を行う ⇒ P174

賞与がある月の場合は、前月の給与処理が完了後に賞与処理を行います。操作は給与処理と変わりません。

8 管理帳票 ⇒ P175

給与業務を行う上で欠かせないさまざまな種類の帳票。その特徴と使い方を見ていきましょう。

参考　給与処理を行うことができる社員

給与処理を行う社員は、給与支給区分を「1：支給する」に設定している社員です。ただし、在籍区分によって次のように異なります。

在籍区分	給与処理
0：在籍 1：休職 3：出向	入社年月日が賃金計算期間の終了日より前の社員は、給与処理を行うことができます。 **例：給与処理月が4月で、賃金計算期間が3月16日～4月15日の場合** 　・社員Aさん　4月　1日入社 　・社員Bさん　4月20日入社 　この場合、Aさんは4月の給与処理を行うことができますが、Bさんは4月の給与処理を行うことはできません。 ※社員の雇用情報が入力されている場合は、前回入社年月日が賃金計算期間の終了日より前で、前回退職年月日が賃金計算期間の開始日より後の場合も給与処理を行うことができます。
2：退職	退職年月日が賃金計算期間の開始日より後の社員は、給与処理を行うことができます。 **例：給与処理月が4月で、賃金計算期間が3月16日～4月15日の場合** 　・社員Cさん　3月31日退職 　・社員Dさん　3月 1日退職 　この場合、Cさんは4月の給与処理まで行うことができますが、Dさんは4月の給与処理を行うことはできません。

Part 5

Part 5 給与業務を行う

給与データの入力を行う

各従業員の給与データを入力していきます。給与データを入力すると、所得税や総支給金額などが自動的に計算されます。入力方法は3つあります。

給与データの3つの入力方法

『給与奉行クラウド』では次の3つの給与データの入力方法があります。

A 社員一人ごとに画面表示して入力する→[給与処理]メニュー (P153)

B 複数の社員データを一括で入力する→[給与一括処理]メニュー (P157)

C 既存の給与データを受け入れる→[給与データ受入]メニュー (P160)

メニュー一覧の[給与賞与]-[給与]から、A、B、C、いずれかのメニューを選択します。

10人未満の従業員数であれば、一人ずつ入力してもさほどの手間ではありませんが、一括処理をした方が手間がかからず便利です。
ただし、[給与処理]メニューは、給与明細書にそのまま入力するようなリアルなイメージで処理を行うことができます。給与データの入力を理解するのに適していますので、ここでは[給与処理]メニューで解説していきます。

Chapter 2　給与データの入力を行う

[給与処理] メニュー

給与データの入力の基本が [給与処理] メニューです。給与明細書にそのまま入力するように処理を行います。多数の項目がありますが、ほとんどの項目は手入力をする必要がなく、自動的に処理されます。

基本給などの社員ごとに異なる支給項目は、社員の登録情報から自動入力されます。また、残業手当や通勤手当も、就業規則や社員の登録情報に合わせて自動計算されます。

① [給与処理 - 条件設定] 画面の [基本] ページで、「給与処理月」を指定します。

② 必要に応じて「入力順序」を変更します。

③ 支給日を変更・確認する場合は、「支給日等」の [支給日等…] ボタンをクリックします。

※支給日は、あらかじめ [法人情報] - [給与規程] - [給与体系] メニューで登録します。

④ [画面] ボタンをクリックすると、[給与処理] 画面が表示されます (次ページに掲載)。

参 考

給与処理月を進めると、社会保険や有給休暇などについて社員情報を更新する必要があるか自動的に判定され、対象者がいる場合は [社員情報更新] 画面が表示されます。
[更新] ボタンをクリックすると、対象者の社員情報の内容が更新されます (社員情報更新)。
更新された内容が、給与データ入力画面に反映されます。

※対象者がいるページだけ表示され、対象者がいない場合は、[社員情報更新] 画面は表示されません。

Part 5

Part 5 給与業務を行う

▶ [給与処理] 画面

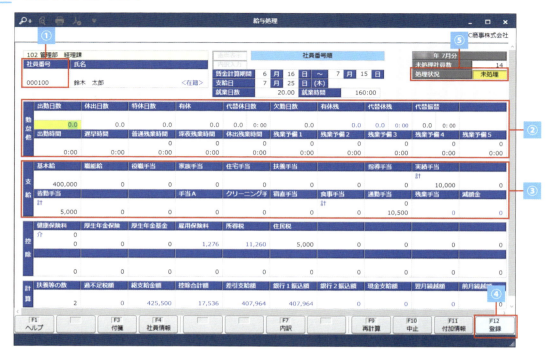

① 「社員番号」欄に、該当する社員の番号を指定します。

② 「勤怠他」欄に、出勤日数や残業時間などの勤怠データを入力します。

③ 「支給」欄に、毎月変動する手当などを入力します。

④ [登録] ボタンをクリックします。

⑤ 入力したデータが登録され、「処理状況」の「未処理」が「処理済」に変わります。

⑥ 給与データの入力作業が終了したら、[閉じる] ボタンをクリックします。

Chapter 2　給与データの入力を行う

金額が自動表示される項目について

『給与奉行クラウド』では、金額が自動表示される項目が多々あります。
自動表示される3つの表示形式を理解しておきましょう。

▶ 金額が青色で表示されている項目

入力された給与データの変動に合わせて即時計算される項目です。
例えば、「残業手当」欄は、「勤怠他」欄の各項目を入力することで、入力内容をもとに残業手当が自動計算されて表示されます (その他「雇用保険料」欄や「所得税」欄などが該当します)。

▶ 項目の左上に「計」のマークが表示されている項目

独自に計算式を組んでいる項目です。
[計算式登録] メニューで登録した計算式に基づいて計算結果が自動表示されます。

▶ [社員情報登録] メニューの登録内容が自動的に表示される項目

「基本給」欄や「住民税」欄など、[社員情報登録] メニュー上に保持されている金額データが初期表示されます。もし修正がある場合は、画面下の [F4: 社員情報] ボタンから修正して登録することで、即時に反映できます。

Part 5

155

Part 5 給与業務を行う

● 自動表示された内容を修正したい場合

前ページで記載した自動表示された金額は、手入力することで修正することができます。自動表示された内容を手入力した場合は、金額が緑色になりますので、計算された内容を修正していることが一目で分かります！

	基本給	職能給	役職手当	家族手当
支給	320,000	15,000	4,000	10,0
	皆勤手当	精勤手当	会議手当	手当A
計	3,000	0	0	6,0

<手入力した内容を元に戻したい場合>
緑色になっている金額を、再度自動表示の結果（計算された結果）に戻したい場合は、画面下の[F9：再計算]ボタンをクリックすることで、一括で再計算された状態に戻すことができます。

参　考　　所属（部署）の異動があった場合

給与処理の各月データには、その時点の社員情報の所属を保持しています。
したがって、所属の異動があった場合も過去の給与データは、当時所属していた部門で正しく集計を行うことが可能です。

各月で保持しているデータは、給与処理画面下の[F11：付加情報]ボタンで確認できます。

		給与処理 - 明細付加情報	
社員番号： 100000	氏名： 山田　一朗		
社員情報	**基本情報**		
社会保険料	雇用区分	01	正社員
調整項目等	在籍区分	0	在籍
	性別	0	男性
	所属	301	営業部 東日本営業課
	役職	005	課長
	勤務地	001	東京

156

Chapter 2　給与データの入力を行う

[給与一括処理] メニュー

入力する社員や入力項目を設定することで、月々の給与データを表形式で入力することができます。社員一人ごとに画面表示して入力するより、はるかに迅速な作業が可能です。変更した社員だけを登録する設定も可能です。

Part 5 給与業務を行う

［給与データ受入］メニュー

OBC受入形式やCSV形式、テキスト形式、Excelファイル形式で作成された既存の給与データを、『給与奉行クラウド』に一括で受け入れることができます。導入時などに便利です。

①操作手順は、［社員情報］-［社員情報データ受入］メニューと同様です（P137参照）。
［基本］ページや［受入ファイル］ページでそれぞれ設定し、［受入開始］ボタンをクリックして、給与データを受入ます。
必要に応じてパターンを作成します。

参考　給与データの作成

受入と逆に、『給与奉行クラウド』で登録した給与データを、CSV形式やテキスト形式、Excelファイル形式などで、別ファイルとして保存することもできます。

①メニュー一覧の［給与賞与］から、［給与］-［給与データ作成］メニューを選択します。

②［給与データ作成 - データ作成条件設定］画面が表示されます。

③操作手順は、［社員情報］-［社員情報データ作成］メニューと同様です（P133参照）。

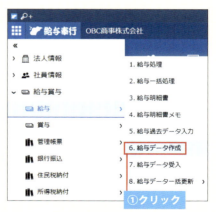

Chapter 3 給与データを一覧で確認する

給与データを一覧で確認する

入力した給与データに誤りがないかどうか、一覧表を表示または出力して、内容を確認しましょう。

入力した給与データを一覧で見ることができます。
▼［給与賞与］-［管理帳票］-［勤怠支給控除一覧表］メニュー

▼［給与賞与］-［管理帳票］-［区分別一覧表］メニュー

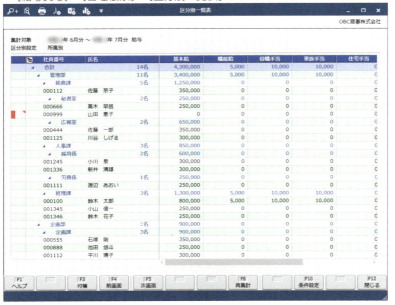

詳細は、P175からの「Chapter9 管理帳票」をご確認ください！

Part 5

159

Part 5 給与業務を行う

Chapter 4

給与明細書を印刷する

各従業員の渡す給与明細書（支給明細書）を印刷します。

▲ 給与明細書（支給明細書）

『給与奉行クラウド』には、オリジナルのサプライ用紙が用意されています。OBC奉行シリーズに合わせて、正確・精功に製造しているため、安心して利用できます。印刷イメージに合致した用紙・プリンタに合わせて何を使うかご検討ください（サプライの種類は、『給与奉行クラウド』を購入時に同梱物として納品されます）。

▼サプライ一覧用紙（製品購入時に納品されています）

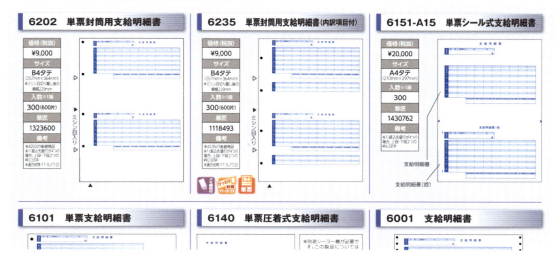

[給与明細書] メニュー

Chapter 4　給与明細書を印刷する

① メニュー一覧の [給与賞与] から、[給与] - [給与明細書] メニューを選択します。

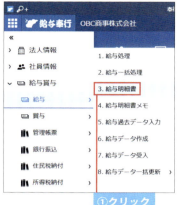

② [給与明細書 - 印刷条件設定] 画面が表示されます。

③ [基本] ページで、「印刷対象」や「印刷順序」、「範囲指定」、「所属・区分参照先」を指定します。
正社員とパート社員で支給日が異なる場合は、「支給日指定」にチェックを付けます。

④ [明細書] ページで、印字するサプライ用紙の種類を選択します。

Part 5

161

⑤ [詳細] ページで、印字する内容を設定します。
「明細タイトル」で指定した内容は、明細書の上部に印字されます。
「出力項目」で、印字する項目を選択します。
「欄外出力項目」で選択した項目は、過不足税額欄の下に印字されます。

⑥ [印刷] ページで、プリンタや用紙サイズなどの設定をします。
[印刷] ボタンをクリックして、印刷を行います。
※実際に印刷をする前に、プレビューで確認したり、テスト印字を行うとよいでしょう。

▲給与明細書（支給明細書）の印刷イメージ

Chapter 5　銀行に振り込む

Chapter 5 銀行に振り込む

各従業員に給与を振り込みます。銀行振込依頼書を印刷する方法と、給与振込用のファームバンキングデータ（以下「FBデータ」）を作成する方法があります。まずは一覧表を作成し、もう一度振込内容を確認しましょう。

銀行振込一覧表で再確認する

実際に振り込む前に、もう一度振込額を確認しましょう。各金融機関に給与または賞与を振り込む際の確認用の資料として、給与及び賞与の振込銀行ごとの集計や社員別の振込金額の一覧表を作成します。

①メニュー一覧の［給与賞与］から、［銀行振込］-［銀行振込一覧表］メニューを選択します。

②［銀行振込一覧表］画面に続いて［銀行振込一覧表 - 条件設定］画面が表示されます。

③集計対象や集計方法を設定します。

④［画面］ボタンをクリックします。
※ [印刷]ボタンや、[データ作成]ボタンから印刷やExcelに出力することも可能です。

Part 5

163

Part 5 給与業務を行う

⑤ [銀行振込一覧表] 画面で、集計結果が表示されます。

参 考
Reference

「社員番号」左の ボタンをクリックし、展開したいツリーの階層を選択すると、所属や区分などのツリーを一括展開できます。
ここでは、2階層目を展開しています。

銀行振込を行う(FBデータ)

銀行振込には銀行振込依頼書を印刷する方法と、FBデータを使う方法があります。ここでは、FBデータを使う方法で解説します。
FBデータは全国銀行協会(全銀協)制定フォーマットにあわせて作成します。
また、FBデータで振り込む際には、事前に取引先金融機関に受理の確認を行ってください。

① メニュー一覧の [給与賞与] から、[銀行振込] - [銀行振込] メニューを選択します。

Chapter 5　銀行に振り込む

②［銀行振込 - 条件設定］画面が表示されます。
「集計対象」を指定します。

③「作成形式」で「振込依頼書」か「FBデータ」を選択します。
ここでは「FBデータ」を選択します。

④「法人口座」を指定し、「実行」ボタンをクリックします。

⑤［銀行振込-データ作成条件設定］画面が表示されます。

⑥「振込指定日」を指定します。

⑦「出力先ファイル名」の［参照］ボタンをクリックします。

⑧表示された［名前を付けて保存］ダイアログボックスで、出力先（保存先）を指定します。

⑨ファイル名を入力して、［保存］ボタンをクリックします。

⑩［銀行振込-条件設定］画面の［出力開始］ボタンをクリックします。

Part 5

165

Part 5 給与業務を行う

参 考　銀行振込依頼書を印刷する場合

銀行の窓口で振り込む場合は、銀行振込依頼書を使います。事前に取引先金融機関に受理の確認を行ってください。なお、銀行振込依頼書はOBCの専用用紙で印刷します。

① 「作成形式」で「振込依頼書」を選択し、[実行]ボタンをクリックします。

② [銀行振込-印刷条件設定] 画面が表示されます。

③ 「印字設定」と「用紙種類」を指定します。

④ [印刷] ボタンをクリックし、振込依頼書を出力します。

専用用紙に印刷された振込依頼書▶

Chapter 6　住民税を納付する

Chapter 6 住民税を納付する

住民税額の内訳の確認や納付する帳票・データなどを出力します。住民税は、FBデータによる納付か金融機関窓口での納付の2種類から選べます。

住民税一覧表

住民税は納付先が市区町村のため、従業員ごとに異なります。従業員が居住する市町村から送られてくる住民税納付書と、従業員から徴収した住民税額を、市町村ごとに一覧表に集計して確認しましょう。

①メニュー一覧の［給与賞与］から、［住民税納付］-［住民税一覧表］メニューを選択します。

②［住民税一覧表］画面に続いて［住民税一覧表 - 条件設定］画面が表示されます。

③集計対象や集計方法を設定します。

④必要に応じて、印刷やデータ作成を行います。
　［画面］ボタンをクリックします。

⑤［住民税一覧表］画面で、集計結果が表示されます。

Part 5 給与業務を行う

住民税の納付（FBデータ）

『給与奉行クラウド』では、住民税の納付に必要な住民税納付書や、住民税振込用のFBデータを作成することができます。FBデータは、全国銀行協会（全銀協）制定フォーマットにあわせて、テキストファイル形式のデータで、住民税の振込ができます。
ここでは、FBデータで納付する場合を解説します。なお、FBデータで納付する際には、事前に取引先金融機関に受理の確認を行ってください。

① メニュー一覧の［給与賞与］から、［住民税納付］-［住民税納付］メニューを選択します。

② ［住民税納付 - 条件設定］画面が表示されます。

③ 「集計対象」を指定します。

④ 「作成形式」で「納付書」か「FBデータ」かを選択します。ここでは「FBデータ」を選択します。

⑤ 「法人口座」を指定し、［実行］ボタンをクリックします。

⑥ ［住民税納付-データ作成条件設定］画面が表示されます。

⑦ 「出力先ファイル名」の［参照］ボタンをクリックします。

⑧ 表示された［名前を付けて保存］ダイアログボックスで、出力先（保存先）を指定します。

⑨ ファイル名を入力して、［保存］ボタンをクリックします。

⑩ ［住民税納付-データ作成条件設定］画面の［出力開始］ボタンをクリックします。

Chapter 6　住民税を納付する

Reference

参　考　　住民税納付書を印刷する場合

各区市町村または住民税を取り扱っている金融機関の窓口で納付する場合は、OBCの専用用紙に住民税納付書を印刷します。
なお、住民税納付書で納付する際には、事前に取引先金融機関に受理の確認を行ってください。

① ［実行］ボタンをクリックします。

② ［住民税納付-印刷条件設定］画面が表示されます。
③ 「印字設定」と「用紙種類」を指定します。
④ ［印刷］ボタンをクリックし、住民税納付書を出力します。

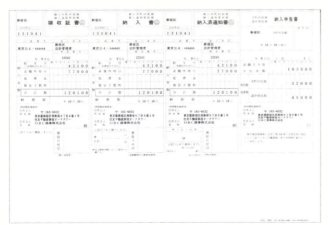

◀専用用紙に印刷された住民税納付書

Part 5 給与業務を行う

所得税を納付する

所得税額の内訳の確認や納付に利用する帳票・データなどを出力します。

 所得税徴収高計算書

源泉徴収税額を納付する際の所得税徴収高計算書(納付書)に転記するための資料を出力することができます。

①メニュー一覧の[給与賞与]から、[所得税納付]-[所得税徴収高計算書]メニューを選択します。

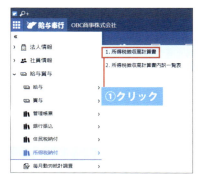

②[所得税徴収高計算書]画面に続いて[所得税徴収高計算書-条件設定]画面が表示されます。

③集計対象を設定します。
・**一般用**:毎月、源泉徴収税額を収めている場合に選択します。
・**納期特例分**:納期の特例の適用を受けている場合に選択します。

④必要に応じて、印刷やデータ作成を行います。
[画面]ボタンをクリックします。

⑤[所得税徴収高計算書]画面で、集計結果が表示されます。

Chapter 7　所得税を納付する

所得税徴収高計算書内訳一覧表

所得税徴収高計算書の集計結果について、内訳一覧表を出力することができます。

① メニュー一覧の［給与賞与］から、［所得税納付］-［所得税徴収高計算書内訳一覧表］メニューを選択します。

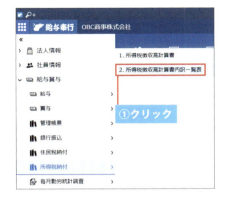

② ［所得税徴収高計算書内訳一覧表 - 条件設定］画面が表示されます。

③ 集計対象や集計区分を設定します。

④ 必要に応じて、データ作成を行います。

⑤ ［印刷］ボタンをクリックし、所得税徴収高計算書内訳一覧表を出力します。

Part 5

▼所得税徴収高計算書内訳一覧表の印刷イメージ

171

Part 5 給与業務を行う

Chapter 8 賞与データの入力を行う

賞与処理を行い、賞与明細書を作成するなど、給与処理と同じことができます。さらに、賞与支払届も作成できます。

注 意　前月の給与処理が済んでいるかを確認する

賞与の所得税は、前月の給与の課税対象額をもとに算出されるため、賞与処理を行う前月までの給与処理を済ませておかなければなりません。ですので、賞与処理を行う前に、賞与を支給する社員に対して、前月の給与処理が「処理済」になっているかを事前に確認してください。

賞与処理

賞与データの入力から明細書の印刷までを行います。賞与データを入力すると、所得税や総支給金額などが自動的に計算されます。

①メニュー一覧の［給与賞与］から、［賞与］-［賞与処理］メニューを選択します。

②［賞与処理］画面に続いて［賞与処理 - 条件設定］画面が表示されます。

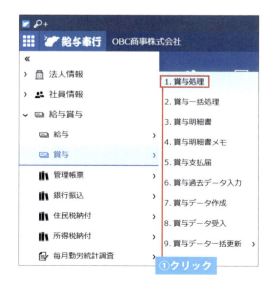

172

Chapter 8　賞与データの入力を行う

③ [基本] ページで、「賞与処理回」を指定します。

※ 2回目以降の処理をはじめる場合は、必ず処理回数を進めてください。前回支給した賞与の回数のまま処理を行ってしまうと、前回の賞与のデータが上書きされてしまいます。

必要に応じて「入力順序」を変更します。

参考　支給日を変更・確認したい場合

支給日を変更・確認する場合は、「支給日等」の [支給日等…] ボタンをクリックします。

④ [画面] ボタンをクリックして以降の操作は「給与処理」の操作と変わりません。P.156を参照してください。

右は「賞与処理」の画面です。勤怠などがない分、「給与処理」に比べるとシンプルです。

具体的な操作手順は給与処理と同様ですので、「Chapter 2〜4」をご確認ください。

Part 5

173

Part 5 給与業務を行う

賞与支払届

[給与賞与]-[賞与]-[賞与支払届]メニューから、賞与処理の結果をもとに、賞与支払届が作成できます。賞与支払届は「電子申請」「磁気媒体」「届出用紙」の3種類から選択できます。

▼賞与支払届の印刷イメージ

Chapter 9　管理帳票

給与および賞与の控除項目や、従業員の勤怠の状況を確認するための集計をすることができます。特に、給与支給控除項目一覧表は、社員の諸手当の状況の確認に便利です。

管理帳票の種類と特徴

『給与奉行クラウド』で作成できる主な管理帳票は以下のとおりです。

メニュー名	特徴・利用用途
勤怠支給控除一覧表　⇒ P179	勤怠項目・支給項目・控除項目について、月（回）別または累計の一覧表を出力することができます。また、用途にあわせた条件設定の内容をパターンとして登録することもできます。
区分別一覧表　⇒ P181	［勤怠支給控除一覧表］メニューでは、給与または賞与のデータは別々に一覧表にしました。それに対して、［区分別一覧表］メニューでは、給与データと賞与データを1つにまとめた形式で出力することができます。
勤怠一覧表　⇒ P184	社員の出勤日数や残業時間について、月別または累計の一覧表を出力することができます。
有休消化状況一覧表　⇒ P185	社員の有休消化状況一について、月別または累計の一覧表を出力することができます。
源泉徴収票［退職者用］　⇒ P186	処理年や退職年月日の期間を指定して、退職日までに支給した給与などを集計した源泉徴収票を発行することができます。
賃金台帳　⇒ P187	社員ごとに、就業日数や就業時間、基本給や保険料などを集計した賃金台帳を出力することができます。

Part 5 給与業務を行う

帳票の集計・出力の基本操作

『給与奉行クラウド』にはさまざまな帳票のメニューがありますが、どの帳票メニューでも基本的な操作方法は同じです。基本的な操作の流れを確認していきましょう。

※源泉徴収票［退職者用］と賃金台帳は、一部操作方法が異なります。

1 メニューを起動します

管理帳票は、［給与賞与］-［管理帳票］の中に集約されています。
ここから帳票の各メニューを起動できます。

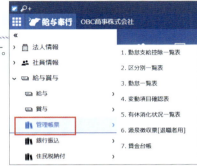

2 集計したい条件を指定する

条件設定画面が表示されます。
ここで、集計する期間の指定や社員の絞込みなどを行うことができます。

3 印刷・PDF・Excel 出力

条件設定画面から印刷・PDF・Excel に出力できます。

3 画面で内容を確認する

4 印刷・PDF・Excel 出力

画面の上にある「奉行クイックコマンド」からワンクリックで画面上の内容を印刷・PDF・Excel に出力できます。

Chapter 9　管理帳票

●印刷・Excel・PDFへ出力をかんたんに

画面上でデータの内容を確認したあとに、印刷・Excel・PDFに出力したい場合は、画面の上に表示されているコマンドをクリックするだけで直接出力できます。

オススメの奉行クイックコマンド

 プレビュー画面を表示　　 PDFに出力

 印刷の条件設定画面を表示　 Excelに出力

表示するコマンドは、メニューごとに自分で自由に選択できます♪

▼ をクリックすると、コマンド一覧が表示されます。画面の上に表示したいコマンドをクリックすることで、✔ マークがつき、画面上に表示されます。

『給与奉行クラウド』を使っていく中で、自分がよく使うコマンドだけを表示するなど自由にカスタマイズしていきましょう！

※選択できるコマンドは各帳票によって異なります。

Part 5

177

Part 5 給与業務を行う

ここがPOINT♪

●よく利用する帳票メニューは「お気に入り」に登録♪

頻繁に利用するメニューはお気に入りに登録しておくと都度メニュー一覧から選択する必要がないので便利です。

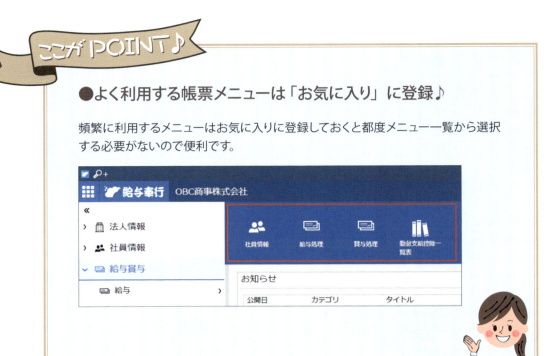

次ページからは、代表的な帳票をそれぞれご紹介していきます。
画面や印刷のイメージを見ながら、どの帳票メニューをどのような場面で使っていくか確認していきましょう。

Chapter 9 管理帳票

勤怠支給控除一覧表

▶ ［勤怠支給控除一覧表］メニューの概要

[勤怠支給控除一覧表] メニューは、各月の給与データ・賞与データの勤怠項目・支給項目・控除項目について、月別または累計の一覧表を出力することができます。給与処理または賞与処理の結果の確認などに利用すると便利です。出力する項目を自由に選択できるだけでなく、独自の小計項目やタイトルを組み込むことも可能です。

▼［給与賞与］-［管理帳票］-［勤怠支給控除一覧表］メニュー

▼勤怠支給控除一覧表の印刷イメージ

Part 5

179

Part 5 給与業務を行う

▶ 集計する項目や条件を指定する

［集計項目］ページで、画面や印刷物に表示したい項目を「選択済項目」に選択します。
「項目配置」欄で、出力するレイアウトを選択します。
●横の場合・・・選択した項目が横に並び、社員の氏名が縦に表示されます。
●縦の場合・・・選択した項目が縦に並び、社員の氏名が横に表示されます。

ここがPOINT♪

●小計やタイトルを入れたい場合

以下の手順で、選択済み項目に独自で作った小計やタイトルを入れることができます。
例）支給項目の始まりに【支給項目】というタイトルを入れたい場合

	計 51名	山田 一朗	川ǎ
【支給項目】			
基本給	15,273,500	362,000	
職能給	772,000	15,000	
役職手当	1,269,476	4,000	

① [条件設定]画面の[集計項目]ページで、[空白項目名設定]ボタンをクリックします。
② 空白1の[項目名]に【支給項目】と入力して[OK]ボタンをクリックします。
③ 「項目種類」をクリックして、「空白項目」を選択します。
④ 「選択項目」欄に表示された「空白1：【支給項目】」を選択済項目に移動します。
⑤ 選択済み項目の一番下に配置された「空白1：【支給項目】」を、
　 矢印ボタンで一番上に移動させます。

同様の手順で、小計や項目タイトルを自由に追加できます♪

Chapter 9　管理帳票

区分別一覧表

▶ [区分別一覧表] メニューの概要

基本的に、給与や賞与データの確認は [勤怠支給控除一覧表] メニューで確認できますが、以下の内容を確認したい場合は、[区分別一覧表] メニューで確認できます。

①給与データと賞与データを1つの一覧表として集計したい場合
②給与（賞与）の事業主負担項目を確認したい場合
③所属や役職などの区分別の集計を取りたい場合

▼ [給与賞与] - [管理帳票] - [区分別一覧表] メニュー

Part 5

181

▶ 集計する条件を指定する

[絞込条件] ページで、区分を指定し、集計する社員を絞り込むことができます。

① [区分別一覧表-条件設定] 画面の [絞込条件] ページを表示します。

② 「範囲指定」の「第1区分」から、絞り込む項目名を選択します。

▶ 区分別一覧表を印刷する

「項目名」を指定し、区分別に社員の一覧表を印刷します。

① [区分別一覧表-条件設定] 画面の [区分別] ページを表示します。

② 「区分別」の「第1区分」の「項目名」から、印刷する区分を選択します。
ここでは「所属」を選択しています。

③ [印刷] ボタンをクリックします。

Chapter 9　管理帳票

④ [区分別一覧表-条件設定] 画面が表示されます。

⑤ [印刷] ボタンをクリックし、印刷を実行します。

▼区分別一覧表の印刷イメージ

Part 5 給与業務を行う

勤怠一覧表

「勤怠一覧表」は、社員の出勤日数や残業時間について、月別または累計の一覧表を出力することができます。

▼［給与賞与］-［管理帳票］-［勤怠一覧表］メニュー

▼勤怠一覧表の印刷イメージ

Chapter 9 管理帳票

有休消化状況一覧表

「有休消化状況一覧表」は、社員の有休消化状況について、月別または累計の一覧表を出力することができます。

▼［給与賞与］-［管理帳票］-［有給消化状況一覧表］メニュー

▼有給消化状況一覧表の印刷イメージ

Part 5

185

Part 5 給与業務を行う

源泉徴収票[退職者用]

退職者に交付する、「給与所得の源泉徴収票」について解説します。

▶ [源泉徴収票[退職者用]]メニューの概要

処理年や退職年月日の期間を指定して、退職日までに支給した給与などを集計した源泉徴収票を発行することができます。
「社員番号」を入力すると、該当者が表示されます。
[発行]ボタンをクリックします。

▼ [給与賞与] - [管理帳票] - [源泉徴収票[退職者用]] メニュー

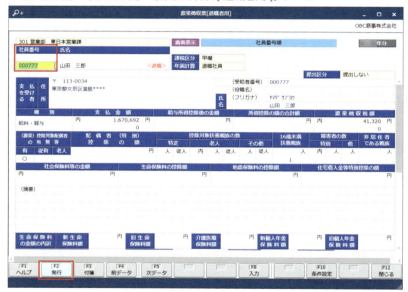

[源泉徴収票[退職者用]-印刷条件設定]画面が表示されます。
用紙の種類などを選択し、[印刷]ボタンをクリックして、退職者用の「源泉徴収票」を出力します。

Chapter 9　管理帳票

賃金台帳

社員ごとに、就業日数や就業時間、基本給や保険料などを集計した、「賃金台帳」について解説します。「賃金台帳」は他の帳票のような画面での表示はありません。条件設定を行い、印刷を行うことで、「賃金台帳」が出力されます。

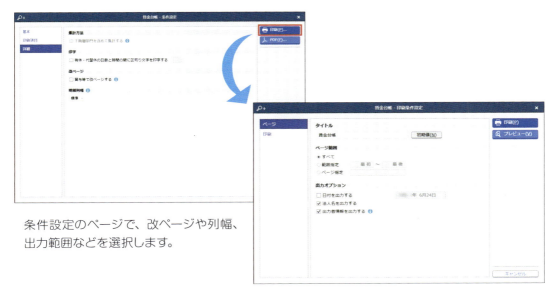

条件設定のページで、改ページや列幅、出力範囲などを選択します。

▼賃金台帳の印刷イメージ

Part 6

社会保険

Chapter 1　社会保険の基礎知識

Chapter 2　月額変更処理

Chapter 3　算定基礎処理

Chapter 4　管理帳票の作成

Part 6 社会保険
Chapter 1 社会保険の基礎知識

社会保険とは、会社で働く人やその家族に必要な保険給付を行い、生活の安定を支える制度です。

社会保険は健康保険、介護保険、厚生年金からなります。それぞれ、主として以下のような役割を担っています。

健康保険・・・病気やケガの保障
介護保険・・・介護費用の保障
厚生年金・・・老後の生活の保障

健康保険は、病気やけがなどで病院を受診した際、費用負担を軽減してくれる制度です。通常自己負担は3割で残りの7割は健康保険から支払われることになります。また、病気で働けなくなった場合に、給与の一部を保障する役割もあります。

介護保険は、介護が必要になった際に、介護費用を保障します。介護保険での自己負担は、所得に応じて1割から3割です。

厚生年金は、年金を支給して老後の生活を保障する制度ですが、けがなどで障害が残った際の保障を行ったり、死亡時の遺族に対する保障などの機能もあります。

保険料負担の仕組み

これらの社会保険は、事業主と従業者の双方による保険料負担で成立しています。事業主は、従業者負担分の保険料を給与等から源泉控除し、会社負担分を加えて納付します。

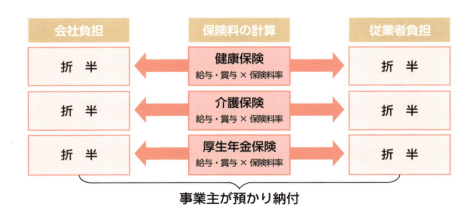

社会保険の加入条件

社会保険は、必ずしもすべての従業員が加入するわけではなく、短期のアルバイトや労働時間の短いパートなどは加入対象になりません。社会保険には従業員の自己負担を伴いますので、それを嫌って加入対象にならないように働き方を調整する人もいるのです。

　雇用の見込みが2ヶ月以上ある
　労働時間が正社員の4分の3以上ある

この2つの条件を満たす従業員が社会保険の加入対象です。正社員、契約社員、パート、アルバイトの区別なく、この2つの条件を満たせば、加入対象となるので注意が必要です。

社会保険の加入対象の場合は入社してから5日後までに『健康保険・厚生年金保険 被保険者資格取得届』を年金事務所に提出する必要があります。
もちろん『給与奉行クラウド』から資格取得届を出力することが可能です（電子申請または磁気媒体での出力に対応）。※1

※1. 退職した場合に提出する『健康保険・厚生年金保険 被保険者資格喪失届』にも対応しています。

社会保険料の算出

社会保険料は、従業員と会社が折半で負担しますので、従業員負担分を給与から控除しなければなりません。社会保険料は、前述のように、給与・賞与と保険料率から算出されますが、変動する給与額などをベースに計算を行うのは煩雑であるため、あらかじめ算定した標準報酬月額に保険料率を掛けて算出することとなっています。

標準報酬月額は、毎月7月の定時決定と大きく給与が変動した際の随時改定で年金事務所に届を提出することで決定されます。

標準報酬月額の決定

	やるべきこと	実施時期	対象社員
算定基礎 （定時決定）	「算定基礎届」を作成して年金事務所に提出する。	毎年7/10までに算出	健康保険／厚生年金保険の被保険者／70歳以上被用者 ※正社員であれば多くは該当します。
月額変更 （随時改定）	「月額変更届」を作成して年金事務所に提出する。	随時 ※右記の要件を満たした社員がいる場合のみ	以下に挙げた3つの要件のすべてに該当した場合のみ対象となります。 ■ 固定的賃金の変動または賃金体系の変更があること。 ■ 変動月以降継続した3ヵ月間いずれの月も報酬の支払基礎日数が17日以上であること。 ■ 従前の標準報酬と比べて2等級以上の差が生じること。

Part 6 社会保険

Chapter 2 月額変更処理

『給与奉行クラウド』の社会保険(月額変更処理)の基本となる内容を解説します。

月額変更処理の流れ

会社情報や社員情報、社会保険、勤怠支給控除項目などが正しく登録されているか、変動月から3ヵ月分の給与処理が済んでいるかなどを確認してから、以下の流れで月額変更処理を始めてください。

1 月額変更予定者確認表の確認 ⇒ P193

固定的賃金の変動があった月から3ヵ月分の給与データをもとにして、月額変更予定者をリストアップします。

2 月額変更のデータを登録する ⇒ P194

月額変更データを確定させます。3ヵ月の報酬データは、給与データから自動的に集計されます。

3 計算結果の確認 ⇒ P198

データや計算結果に間違いがないかを確認します。画面または印刷したリストでチェックすることができます。誤りが見つかった場合は、データを修正して再計算をかけます。

4 管理資料の作成 ⇒ P199

保険料一覧表・標準報酬改定一覧表などの管理資料を作成します。

5 月額変更届の作成 ⇒ P200

月額変更届の届出が必要な各社員の届出書を作成します。磁気媒体に作成して提出する場合は「磁気媒体」、OBC専用用紙に印刷して提出する場合は「届出用紙」、電子申請を行う場合は「電子申請」を選択します。

6 電子申請結果の確認 ⇒ P206

電子申請の結果を確認します。

Chapter 2　月額変更処理

月額変更予定者確認表の確認

昇（降）給月（固定的賃金に変動があった月）から3ヵ月間の給与データをもとにして、月額変更となる予定者を判定し一覧表を出力します。

①メニュー一覧の[社会保険]から、[月額変更]-[月額変更予定者確認表]メニューを選択します。

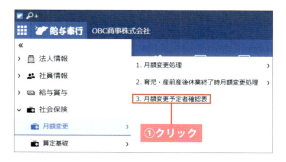

②[月額変更予定者確認表]画面に続いて[月額変更予定者確認表 - 条件設定]画面が表示されます。

③[基本]ページで、集計対象や集計方法などを設定します。
「月額変更予定者だけを集計する」のチェックボックスにチェックをつけると、変更予定者のみ集計されます。

④[詳細]ページで、表示項目の設定や計算設定などをします。
必要に応じて、印刷やデータ作成を行います。

⑤[画面]ボタンをクリックします。

⑥[月額変更予定者確認表]画面で、処理結果が表示されます。
「届出区分」欄で、月額変更の対象者には「○」が表示されます。

⑦内容を確認し、[閉じる]ボタンをクリックします。

Part 6

Part 6 社会保険

月額変更のデータを登録する

月額変更データは自動計算されるので、計算結果を確認して登録するだけでスピーディに月額変更処理が行えます。

① メニュー一覧の[社会保険]から、[月額変更]-[月額変更処理]-[月額変更処理]メニューを選択します。

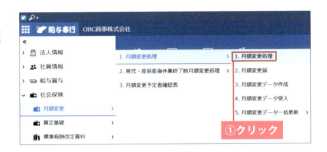

② [月額変更処理]画面に続いて[月額変更処理-条件設定]画面が表示されます。

③ [基本]ページで、処理対象や集計方法などを設定します。
「改定年月」と「徴収開始月」は、自動で表示されます。

ここがPOINT♪

4月・5月・6月の各月に受けた報酬月額の中に、さかのぼって昇給したことなどによる昇給差額が含まれている場合は、[基本]ページの遡及支払月にチェックを付け、その支払いがあった月を選択します。
例えば、4月に3月昇給の差額分が含まれている場合はチェックを付け、「4月」を選択します。

194

Chapter 2　月額変更処理

④ [詳細] ページで、入力項目などを設定します。
「賃金カット・遅払月を入力する」のチェックボックスにチェックをつけると、入力欄が表示されます。

⑤ [画面] ボタンをクリックします。

⑥ [月額変更処理] 画面で、処理結果が表示されます。

⑦「届出区分」は、等級や固定的賃金の変動、支払い基礎日数などから自動的に判定されます。

⑧給与データや社員情報データをもとに、自動で表示されます。

⑨今回改定した保険料の徴収を開始する給与処理月が表示されます。

⑩データ内容を確認して、[登録] ボタンをクリックします。

自動で表示されるから、確認だけすればいいんですね！

Part 6 社会保険

参考

「備考」欄では、チェックボックスに自動的にチェックがつく項目とつかない項目があります。[算定基礎処理] 画面でも同様です。

□70歳以上
昇（降）給月の賃金計算期間の末日時点で70歳以上の場合は、自動的にチェックが付きます。
※昇（降）給月と昇（降）給月の前月の賃金計算期間に70歳に到達する社員の場合は、「健保のみ月変（70歳到達）」にチェックが付きます。

□二以上
社保加入区分が「2：二以上」の場合は、自動的にチェックが付きます。

□短時間
パート区分が「2：対象（短時間）」の場合は、自動的にチェックが付きます。

昇降給の理由（　　　　　　）
必要に応じて手入力します。
※入力の必要性については、所轄の年金事務所にご確認ください。

□健保のみ月変（70歳到達）
昇（降）給月と昇（降）給月の前月の賃金計算期間に70歳に到達する社員の場合は、自動的にチェックが付きます。
算定対象期間中に70歳に到達する場合は、厚生年金保険は「70歳到達届」により標準報酬月額相当額が決定しているので、健康保険のみ月額変更となるためです。
※上記に該当しない70歳以上の社員（昇(降)給月の賃金計算期間の末日時点で70歳以上の社員）の場合は、「70歳以上」にチェックが付きます。

その他（　　　　　　）
短時間労働者やパートなど、被保険者の区分に変更があった場合は、その旨を入力します。

Chapter 2　月額変更処理

「1：昇給」をクリックすると、［月額変更処理-昇降給差の月額］画面に昇（降）給給月とその前月の固定的賃金の合計額の差額が表示されます。
固定的賃金の合計額とは、社保固定的賃金が「1：対象」に設定されている項目の合計額です。
月給者以外の場合は、その合計額に基本給単価を加算した金額になります。

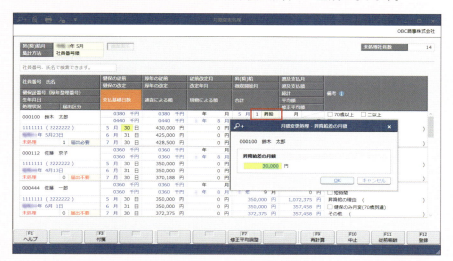

Part 6 社会保険

計算結果の確認

登録した内容は、画面左上のクイックボタンから印刷ができます。登録した内容に相違がないか、印刷物で確認しましょう。

Chapter 2　月額変更処理

管理資料の作成

保険料一覧表や標準報酬改定一覧表などの資料を作成します。

▼［社会保険］-［保険料資料］-［保険料一覧表］メニュー

▼［社会保険］-［標準報酬改定資料］-［標準報酬改定一覧表］メニュー

詳細は、Chapter4「管理帳票の作成」（P.216）をご確認ください。

Part 6 社会保険

月額変更届の作成

月額変更データの登録が済んだら、届出書を提出します。

①メニュー一覧の［社会保険］から、［月額変更］-［月額変更処理］-［月額変更届］メニューを選択します。

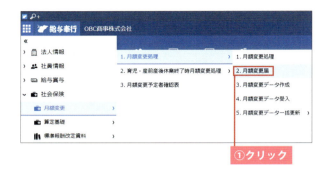

②［月額変更届 - 条件設定］画面が表示されます。

③［基本］ページで、集計対象や集計方法を設定します。
「提出方法」を選択します。提出方法によって、［実行］ボタンを押したあとの動作が異なります。詳細は次ページをご確認ください。

▶ 電子申請の場合

「電子申請」を選択し、[実行]ボタンをクリックすると、[月額変更届]画面が表示されます。

[対象者確認]ボタンをクリックすると、対象者の氏名等を確認することができます。

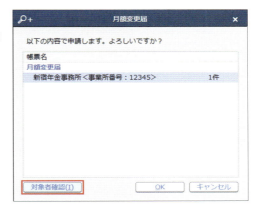

電子申請の結果の確認はP.206「電子申請結果の確認」をご覧ください。

Part 6 社会保険

▶ 磁気媒体の場合

「磁気媒体」を選択し、[実行] ボタンをクリックすると、[月額変更届 - データ作成条件設定] 画面が表示されます。ここから磁気媒体データを出力します。

① 作成日付を指定します。
② 作成形式で「磁気媒体申請用」を選択します。
③ [参照] ボタンから出力先フォルダを指定します。
④ [出力開始] ボタンをクリックします。

磁気媒体データを出力後は、以下の手順で年金事務所に提出する必要があります。

1. 月額変更届の磁気媒体届出書データを作成したら、日本年金機構の「仕様チェックプログラム（社会保険）」を使用して、作成した磁気媒体届出書データをチェックします。
    ※「仕様チェックプログラム」は、日本年金機構のホームページからダウンロードしてください。
    URL https://www.nenkin.go.jp/denshibenri/setsumei/20180305.html

2. チェックした結果、問題がなかった場合は、そのまま日本年金機構の「仕様チェックプログラム」で「総括票」を印刷します。
    ※『給与奉行クラウド』では、「総括票」は印刷できません。

3. 磁気媒体届出書に「総括票」を添えて、所轄の年金事務所・健康保険組合・厚生年金基金に提出します。

Chapter 2　月額変更処理

▶ 届出用紙の場合

「届出用紙」を選択し、[実行]ボタンをクリックすると、[月額変更届 - 印刷条件設定]画面が表示されます。
ここから年金事務所用の場合は「厚年整理番号」、健康保険組合用の場合は「健保証番号」の順に印字されます。

※印刷順序を指定することはできません

Part 6 社会保険

▼月額変更届の印刷イメージ

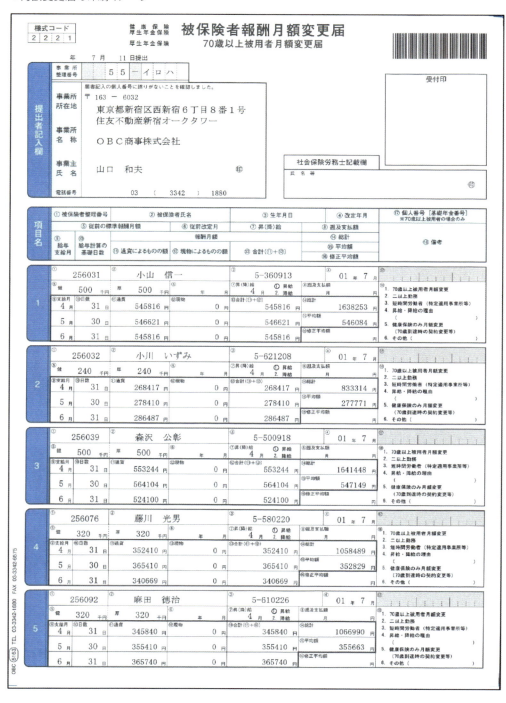

Chapter 2　月額変更処理

ここがPOINT♪

育児・産前産後休業終了時月額変更処理について

育児休業や産前産後休業が終了した場合に、社員からの申し出によって標準報酬月額を改定することができます。
月額変更データを入力すると、決定（改定）の標準報酬などの自動計算項目は、月額変更データを入力するとリアルタイムで計算されます。

例：・育児休業から4月16日に復職した場合（休職終了年月日が4月15日）
　　　4月、5月、6月の報酬から標準報酬月額を改定します。
　　・育児休業から9月1日に復職した場合（休職終了年月日が8月31日）
　　　9月、10月、11月の報酬から標準報酬月額を改定します。

・［社員情報］-［社員情報］-［社員情報］の［中途・区分］ページで休職終了年月日が未入力の社員や、休職事由が「育児休業」または「産前産後休業」以外の社員は処理できません。
・「産前産後休業終了時月額変更届」や「育児休業等終了時月額変更届」の届出書に印刷することはできません。転記してください。

Part 6 社会保険

電子申請結果の確認

電子申請が完了したら、電子申請の結果を確認します。
e-Gov 電子申請システムに接続し、現在の審査状況やコメントの確認、公文書を保存します。
※労働保険も同じような手順で確認できます。

注意

申請後の審査には1週間程度かかります。申請後すぐに申請の結果を確認することはできませんので、時間をおいて状況を照会してください。

●審査状況

審査状況は、次のフローで進みます。

到達	e-Gov 電子申請システムに申請書が到達しました。
審査中	提出先で申請書の審査が行われています。
審査終了	提出先で申請書の審査が終了しました。 必要に応じて、コメントが発行されます。 審査に問題がなければ、提出先から公文書が発行されますので、公文書を確認してください。
手続き終了	当メニューで公文書の確認が完了しました。 電子申請のすべての処理が完了です。

●コメント通知

コメントは、提出先（厚生労働省などの所轄府省）からのお知らせやメッセージです。
審査が終了し、審査状況が「審査終了」となるタイミングでコメントが発行されます。
コメントは必要に応じて発行されます。特にコメントがない場合もあります。

●審査状況

公文書は、提出先から発行される返戻書類です。
届出書の審査が完了すると、それぞれの申請に対して以下の公文書が発行されます。
発行された公文書を確認し、取得まで行うと、電子申請の手続きはすべて完了です。

申請書	公文書
賞与支払届	標準賞与額決定通知書
月額変更届	被保険者標準報酬改定通知書
算定基礎届	被保険者標準報酬決定通知書

Chapter 2　月額変更処理

▶ 電子申請状況照会 [社会保険]

社会保険の電子申請の結果を確認します。

① メニュー一覧の [社会保険] から、[電子申請状況照会] - [電子申請状況照会 [社会保険]] メニューを選択します。

② [電子申請状況照会 [社会保険]] 画面に続いて[電子申請状況照会 [社会保険]-条件設定] 画面が表示されます。

③「集計対象」や「照会対象」を設定します。「集計対象」で、確認したい届出書を選択します。

④ [画面] ボタンをクリックします。

⑤ [利用者認証] 画面が表示されます。「パスワード」欄に電子証明書のパスワードを入力します。

⑥ [OK] ボタンをクリックします。

⑦ [電子申請状況照会 [社会保険]] のメッセージボックスが表示されます。

⑧ [OK] ボタンをクリックします。

⑨ [電子申請状況照会 [社会保険]] 画面で、処理結果が表示されます。

⑩ 内容を確認し、[閉じる] ボタンをクリックします。

Part 6 社会保険

参 考

公文書を確認すると、申請状況が「手続終了」になります。
公文書やコメントを確認したタイミングで『給与奉行クラウド』にデータを保存するため、確認した公文書やコメントをいつでも確認できます。

注 意

『給与奉行クラウド』で確認していない公文書やコメントは、e-Gov電子申請システムの状況照会可能期間を経過すると取得できなくなります。
状況照会可能期間は次のとおりです。
　・社会保険・雇用保険関係手続き： 90日
　・労働保険適用徴収関係手続き　 ：999日

Chapter 3　算定基礎処理

Chapter 3 算定基礎処理

『給与奉行クラウド』の社会保険（算定基礎処理）の基本となる内容を解説します。

算定基礎処理の流れ

会社情報や社員情報、社会保険、勤怠支給控除項目などが正しく登録されているか、算定基礎月3ヵ月の給与処理が済んでいるかなどを確認してから、以下の流れで算定基礎処理を始めてください。手順は月額変更処理とほぼ同じです。ですので、簡単な解説にとどめます。

1 算定基礎のデータを登録する ⇒ P210

新しく適用される標準報酬と保険料を計算します。

2 計算結果の確認 ⇒ P212

データや計算結果に間違いがないかを確認します。画面または印刷したリストでチェックすることができます。誤りが見つかった場合は、データを修正して再計算をかけます。

3 管理資料の作成 ⇒ P213

保険料一覧表・標準報酬改定一覧表などの管理資料を作成します。

4 算定基礎届の作成 ⇒ P214

各社員の算定基礎届の届出書を作成します。磁気媒体に作成して提出する場合は「磁気媒体」、OBC専用用紙に印刷して提出する場合は「届出用紙」、電子申請を行う場合は「電子申請」を選択します。

5 電子申請結果の確認 ⇒ P215

電子申請の結果を確認します。

Part 6

209

Part 6 社会保険

算定基礎のデータを登録する

月額変更データと同様に、算定基礎データが自動計算されます。操作は、[月額変更]メニューとほぼ同じ手順です。

4月に昇(降)給がない場合や、月額変更の対象にならない社員については、[算定基礎処理]メニューで、算定基礎処理を行います。

①メニュー一覧の[社会保険]から、[算定基礎]-[算定基礎処理]メニューを選択します。

②[算定基礎処理]画面に続いて[算定基礎処理-条件設定]画面が表示されます。

③[基本]ページで、処理対象や集計方法などを設定します。

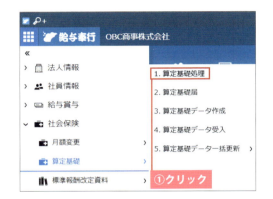

④[詳細]ページで、入力項目などを設定します。
「賃金カット・遅払月を入力する」のチェックボックスにチェックを付けると、入力欄が表示されます。

⑤[画面]ボタンをクリックします。

ここがPOINT♪

4月・5月・6月の各月に受けた報酬月額の中に、さかのぼって昇給したことなどによる昇給差額が含まれている場合は、[基本]ページの遡及支払月にチェックを付け、その支払いがあった月を選択します。
例えば、4月に3月昇給の差額分が含まれている場合はチェックを付け、「4月」を選択します。

Chapter 3　算定基礎処理

⑥［算定基礎処理］画面で、処理結果が表示されます。
　給与データや社員情報データをもとに、自動で表示されます。

⑦「届出区分」は、必要に応じて変更することができます。

⑧今回決定した保険料の徴収を開始する処理月が表示されます。

⑨データ内容を確認して、［登録］ボタンをクリックします。

参　考

5月31日以前に入社した社員の場合は、算定基礎届を提出する必要があります。
ただし、途中入社月に1ヵ月分が支給されていない場合は、入社の翌月からが算定対象月となります。その場合は、「賃金カット・遅払月」欄に途中入社月を入力して、途中入社月を算定対象から除いて処理してください。
※その際に追記する備考欄の記載方法は、所轄の年金事務所等にご確認ください。

Part 6 社会保険

計算結果の確認

登録した内容は、画面左上のクイックボタンから印刷ができます。登録した内容に相違がないか、印刷物で確認しましょう。

Chapter 3　算定基礎処理

管理資料の作成

保険料一覧表や標準報酬改定一覧表などの資料を作成します。

▼ ［社会保険］-［保険料資料］-［保険料一覧表］メニュー

▼ ［社会保険］-［標準報酬改定資料］-［標準報酬改定一覧表］メニュー

詳細は、Chapter4「管理帳票の作成」（P.216）をご確認ください。

Part 6 社会保険

算定基礎届の作成

算定基礎データの登録が済んだら、届出書を提出します。

①メニュー一覧の［社会保険］から、［算定基礎］-［算定基礎届］メニューを選択します。

②［算定基礎届 - 条件設定］画面が表示されます。
設定等については、［社会保険］-［月額変更］-［月額変更処理］-［月額変更届］メニューと同様の手順で行うことができます。P200を参照して、設定を行います。

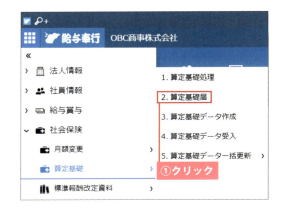

▼算定基礎届の印刷イメージ

電子申請結果の確認

電子申請が完了したら、電子申請の結果を確認します。
詳細はP206をご確認ください。

Part 6 社会保険

Chapter 4

管理帳票の作成

標準報酬改定一覧表や保険料一覧表などの管理帳票を作成し、表示や出力によって内容を確認しましょう。

標準報酬改定資料

決定された等級や標準報酬、保険料を確認します。

▶ 標準報酬改定一覧表

算定基礎または月額変更処理を行った結果に基づいて、決定(改定)された標準報酬の一覧表を作成します。

①メニュー一覧の[社会保険]から、[標準報酬改定資料]-[標準報酬改定一覧表]メニューを選択します。

②[標準報酬改定一覧表]画面に続いて[標準報酬改定一覧表 - 条件設定]画面が表示されます。

③[基本]ページで、表示順序や集計方法などを設定します。

216

④[詳細] ページで、集計項目や表示項目、表示方法などを設定します。
「集計項目」のすべての項目のチェックボックスにチェックが付いていない場合は、等級と標準報酬だけが集計されます。

⑤必要に応じて、印刷やデータ作成を行います。
［画面］ボタンをクリックします。

⑥［標準報酬改定一覧表］画面で、処理結果が表示されます。

⑦内容を確認し、［閉じる］ボタンをクリックします。

注 意

改定された標準報酬月額で各社員の社員情報を更新すると、標準報酬改定一覧表には表示されなくなります。

Part 6 社会保険

保険料資料

▶ 保険料一覧表

健康保険・介護保険・厚生年金保険・厚生年金基金について、算定基礎または月額変更処理を行った結果に基づいて、決定(改定)された保険料を一覧表として作表します。

① メニュー一覧の[社会保険]から、[保険料資料] - [保険料一覧表]メニューを選択します。

② [保険料一覧表]画面に続いて[保険料一覧表 - 条件設定]画面が表示されます。

③ [基本]ページで、適用料率や集計方法などを設定します。
「適用料率」では、いつの時点の保険料率で集計するかを選択します。

参 考

[法人情報] - [社会保険] - [健康保険区分]メニューや[厚生年金保険区分]メニューの[保険料率情報]ページで設定されている適用年月の保険料率で集計されます。

Chapter 4　管理帳票の作成

④ [詳細] ページで、集計項目や表示項目、表示方法などを設定します。

⑤ 必要に応じて、印刷やデータ作成を行います。
　[画面] ボタンをクリックします。

⑥ [保険料一覧表] 画面で、処理結果が表示されます。

⑦ 内容を確認し、[閉じる] ボタンをクリックします。

▼保険料一覧表の印刷イメージ

Part 6 社会保険

納入告知書確認表

納入告知書確認表

社会保険について、被保険者負担分および事業主負担分の金額を集計し、年金事務所等から通知される納入告知書と照合するための「納入告知書確認表」を作成します。

①メニュー一覧の［社会保険］から、［納入告知書確認表］-［納入告知書確認表］メニューを選択します。

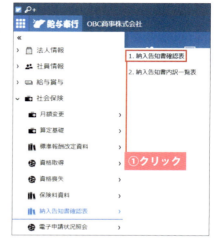

②［納入告知書確認表］画面に続いて［納入告知書確認表 - 条件設定］画面が表示されます。

③集計対象や保険料、健康保険内訳表示項目を設定します。

「保険料」は次のように選択します。
- **「給与データの保険料を集計する」**→ 給与処理で徴収された保険料をもとに集計する場合
- **「社員情報の保険料を集計する」**→ ［社員情報］メニューの［社会保険］ページの標準報酬をもとに集計する場合

④必要に応じて、印刷を行います。［画面］ボタンをクリックします。

⑤［納入告知書確認表］画面で、集計結果が表示されます。

⑥内容を確認し、［閉じる］ボタンをクリックします。

220

Chapter 4　管理帳票の作成

▼納入告知書確認表の印刷イメージ

納入告知書内訳一覧表

被保険者や事業主ごとの「納入確認書」の内訳を、一覧表として印刷します。

① メニュー一覧の[社会保険]から、[納入告知書確認表]-[納入告知書内訳一覧表]メニューを選択します。

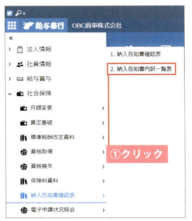

② [納入告知書内訳一覧表 - 条件設定]画面が表示されます。

③ [基本]ページで、集計対象や保険料、集計方法を設定します。

Part 6

221

Part 6 社会保険

④ [詳細]ページで、集計項目や表示項目、表示方法などを設定します。

⑤ 必要に応じて、データ作成やパターン作成を行います。
[印刷]ボタンをクリックします。

⑥ [納入告知書内訳一覧表 - 印刷条件設定]画面が表示されます。

⑦ それぞれのページで設定を行い、[印刷]ボタンをクリックします。

▼納入告知書内訳一覧表の印刷イメージ

社員番号	氏名	健康保険 被保険者/事業主	介護保険 被保険者/事業主	厚生年金保険 被保険者/事業主	子ども・子育て拠出金 事業主	基金掛金 被保険者/事業主	基金(予備) 被保険者/事業主
給与+賞与							
合計	13名	191,565 / 191,565	9,515 / 9,515	326,655 / 326,655	12,138	0 / 0	0 / 0
000100	鈴木 太郎	18,810 / 18,810	3,287 / 3,287	34,770 / 34,770	1,292	0 / 0	0 / 0
000112	佐藤 京子	17,820 / 17,820	3,114 / 3,114	32,940 / 32,940	1,224	0 / 0	0 / 0
000444	佐藤 一郎	17,820 / 17,820	0 / 0	32,940 / 32,940	1,224	0 / 0	0 / 0
000555	石塚 剛	17,820 / 17,820	3,114 / 3,114	32,940 / 32,940	1,224	0 / 0	0 / 0
000666	髙木 早苗	12,870 / 12,870	0 / 0	23,790 / 23,790	884	0 / 0	0 / 0
000888	池田 悠斗	12,870 / 12,870	0 / 0	23,790 / 23,790	884	0 / 0	0 / 0
000999	山田 恵子	14,850 / 14,850	0 / 0	27,450 / 27,450	1,020	0 / 0	0 / 0
001111	渡辺 あおい	10,890 / 10,890	0 / 0	20,130 / 20,130	748	0 / 0	0 / 0
001112	平川 博子	9,405 / 9,405	0 / 0	17,385 / 17,385	646	0 / 0	0 / 0
001245	小川 泉	14,850 / 14,850	0 / 0	0 / 0	0	0 / 0	0 / 0
001336	新井 清雄	21,780 / 21,780	0 / 0	40,260 / 40,260	1,496	0 / 0	0 / 0

Part 7

年末調整

Chapter 1　年末調整の基礎知識

Chapter 2　年末調整業務の概要

Chapter 3　年末調整の処理

Chapter 4　年末調整後の処理

Chapter 5　年末調整関連の管理資料

Chapter 6　年次更新

年末調整の基礎知識

年末調整とは、年間の所得税額を確定して、毎月の給与などから源泉徴収された税額との差額を調整するものです。

年末調整の流れ

年末調整では取り扱う書類も多く、申告書に記載された金額の正確さが計算にも大きく影響します。また、その年の最後に支払う給与でまとめて精算するので、その時期に間に合うよう段取りよく実施していかなければなりません。従業員ひとりひとりの年末調整を行うため、時間もかかり、総務担当者にとっては最も負担が大きい業務の1つです。
年末調整の業務の全体の流れは以下の3つのステップです。

ステップごとにポイントを確認していきましょう。

■【STEP1】従業員による各種申告書の提出　～11月下旬

「給与所得の扶養控除等異動申告書」や「給与所得者の保険料控除申告書」などの各申告書を従業員に提出して、内容を記載してもらい回収します。
改修後は、記載漏れや記入ミスがないか1枚ずつ確認する必要があります。
また、回収した内容を『給与奉行クラウド』へ入力する業務も発生します。

> ＜オススメ＞
> 『奉行Edge年末調整申告書クラウド』を利用することで、従業員にWeb上で申告内容を入力してもらい、その内容を『給与奉行クラウド』へ連携することが可能です！　詳細はP264「連携で向上する生産性」をご確認ください。

■【STEP2】年末調整の計算　～12月下旬

12月の給与処理が完了後に年末調整の計算を行います。
計算結果が正しいことを確認後、源泉徴収票の作成を行います。

■【STEP3】法定調書の作成・提出　～1月下旬

年末調整の計算が完了後、源泉徴収票をはじめ税務署や市区町村に提出する法定調書の作成・提出を行います。

年末調整の計算手順

年末調整の過不足税額の計算は、実は以下のように非常に多くの内容を加味して求められます。『給与奉行クラウド』では年末調整申告書の保険料や配偶者などの情報を入力するだけで、過不足税額を自動計算します。

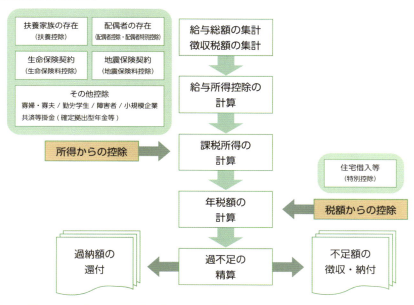

参考　年末調整の対象とならない人

年末調整は原則として給与の支払者に「給与所得者の扶養控除等（異動）申告書」を提出している人（月額表または日額表の甲欄適用者）の全員について行いますが、例外的に年末調整の対象とならない人もいます。

①本年中の主たる給与の収入金額が2,000万円を超える人
②災害で被害を受けて、本年分の給与に対する源泉所得税の徴収猶予または還付を受けた人
③2ヵ所以上から給与の支払を受けている人で他の給与の支払者に「給与所得者の扶養控除等（異動）申告書」を提出している人や、年末調整を行うときまでに「給与所得者の扶養控除等（異動）申告書」を提出していない人（月額表または日額表の乙欄適用者）
④年の中途で退職した人で、年末調整の対象となる人の③〜⑥に該当しない人
⑤非居住者
⑥日雇労働者など（日額表の丙欄適用者）

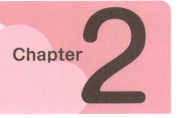

Part 7 年末調整

Chapter 2 年末調整業務の概要

年末調整の精算方法と、給与年調の流れを確認しましょう。

年末調整の3つの精算方法

【給与年調】

年末調整による過不足税額を12月分給与で精算します。本年最後の支払いが給与の場合に選択します。年末調整を行って算出された過不足税額は、年末調整精算月（通常は12月）の給与明細書の過不足税額欄（または所得税欄）に表示されるので、あらかじめ支払明細書での過不足税額の計上方法を設定します。

【賞与年調】

年末調整による過不足税額を12月分賞与で精算します。本年最後の支払いが賞与の場合に選択します。年末調整を行って算出された過不足税額は、12月の賞与明細書の過不足税額欄（または所得税欄）に表示されるので、あらかじめ支払明細書での過不足税額の計上方法を設定します。

【単独年調】

年末調整による過不足税額を12月分給与または12月分賞与で精算せずに、単独で精算します。本年最後の支払いが給与または賞与に関わらず、単独で精算する場合に選択します。翌年1月の給与や賞与で精算する場合は、単独年調を行います。年末調整を行って算出された過不足税額は、[還付金明細書]メニューで、還付金明細書を作成します。

年末調整の精算方法

①給与年調

| 本文中に徴収した源泉徴収税額の合計 | 差額 年末調整により算出した〈年税額〉 |

差額＝過不足税額 → 12月給与明細で還付もしくは徴収

②賞与年調

| 本文中に徴収した源泉徴収税額の合計 | 差額 年末調整により算出した〈年税額〉 |

差額＝過不足税額 → 12月賞与明細で還付もしくは徴収

③単独年調

| 本文中に徴収した源泉徴収税額の合計 | 差額 年末調整により算出した〈年税額〉 |

差額＝過不足税額 → 還付金明細書・1月給与明細で還付もしくは徴収

過不足税額は別途還付金明細書に載せて発行するか、翌年1月給与明細で徴収、還付を行います

Chapter 2 　年末調整業務の概要

本書では、もっとも多い給与年調での年末処理について記載していきます。

年末調整（給与年調）の処理の流れ

給与年調の際の処理の流れを確認しましょう。Chapter 3以降からこの流れに沿った操作方法をご案内していきます。

1　年末調整データの先行入力　⇒ P228

社員から提出された年末調整に関する申告書をもとに、年末調整データを登録します。12月分の給与処理を行う前に、年末調整データを先行して入力しておくことができます。

2　12月分の賞与処理　⇒ Part5 Chapter8「賞与データの入力を行う」P172 参照

賞与支給がある場合は、賞与処理を行い、賞与明細書を印刷します。

3　12月分の給与処理　⇒ Part5 Chapter2「給与データの入力を行う」P152 参照

12月分の給与処理を通常通り行います。この時点では、給与データ入力画面の所得税欄に、通常の所得税額が表示されています。まだ、給与明細書は印刷しません。

4　年末調整データの計算　⇒ P232

年末調整データを計算して、過不足税額を確定させます。

5　給与明細書の印刷　⇒ Part5 Chapter4「給与明細書を印刷する」P160 参照

年末調整処理が終了すると、給与データ入力画面の過不足税額欄に年末調整による過不足税額が表示されます。ここで給与明細書を印刷します。

6　提出先市町村を更新する　⇒ P235

源泉徴収票や総括票を印刷する前に、提出先市町村を更新します。

7　源泉徴収票などの印刷　⇒ P236

源泉徴収票などを印刷します。

※ Chapter 3では　1　4　6　7　の内容について記載します。

Part 7 年末調整

Chapter 3

年末調整の処理

給与年調の際の具体的な操作方法を処理の流れに沿って記載していきます。

年末調整データの先行入力

12月の給与処理を行う前に、社員から回収した年末調整申告書の内容を事前に入力することができます。業務負荷を分散するためにもこの機能を利用して、早めに入力していきましょう。

① メニュー一覧の[年末調整]から、[年末調整処理]-[年末調整処理]メニューを選択します。

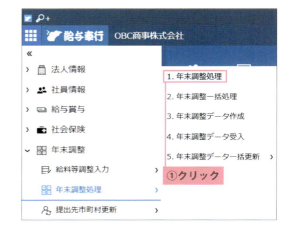

② [年末調整処理]画面に続いて[年末調整処理-条件設定]画面が表示されます。

③ [基本]ページで、「処理方法」は「入力だけを先に行う＜先行入力＞」を、「年末調整方法」は「給与年調」を選択します。

④ [入力条件]ページで、入力順序や入力条件などを設定します。
退職社員の年末調整を行う場合は、「　年　月　日以降に退職した社員を含めて入力する」のチェックボックスにチェックを付けて、退職年月日を指定します。

⑤ [画面]ボタンをクリックします。

Chapter 3 年末調整の処理

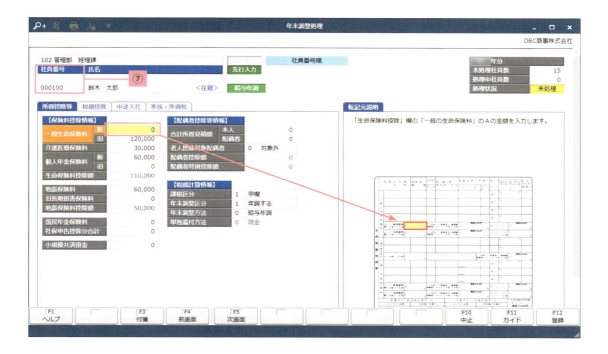

⑥ [年末調整処理] 画面が表示されます。

⑦ 該当する社員の社員番号を指定します。
　入力しようと思う欄を選択すると、右の [転記元説明] エリアに該当する内容が表示されるので、何を入力すればいいかが一目でわかります。

⑧ [所得控除等] ページで、[転記元説明] エリアに表示される保険料控除申告書・配偶者特別控除申告書などをもとに、【保険料控除情報】・【配偶者控除等情報】・【税額計算情報】を入力します。
　各保険料や配偶者合計所得を入力すると、控除額が自動的に表示されます。

⑨ [税額控除] ページで、住宅借入金等特別控除申告書をもとに【税額控除情報】を入力します。
　住宅借入金等特別控除の適用を受ける場合に入力します。

Part 7

229

Part 7 年末調整

⑩ [中途入社] ページで前職の収入金額や社会保険、所得税を含めて年末調整する場合は、各金額を入力します。【中途入社情報】は、[年末調整] - [源泉徴収票] - [源泉徴収票] メニューの「適用」欄に表示・印字されます。

⑪ [家族・所得税] ページの【家族情報】には、[社員情報] - [社員情報] - [社員情報] メニューの [家族・所得税] ページの情報が表示されます。「扶養控除等（異動）申告書」をもとに、家族情報に誤りがないかを確認・修正します。扶養数の自動計算が「する」の場合は、【家族情報】を入力すると【所得税情報】が自動的にセットされます。

※ ここで家族情報を変更すると、[社員情報] - [社員情報] - [社員情報] メニューの [家族・所得税] ページの情報も変更されます。

⑫ 入力が終了したら、[登録] ボタンをクリックします。

注 意

年末調整処理を計算した後に社員情報の内容を修正する場合は、[社員情報] メニューではなく、[年末調整] メニューの [家族・所得税] ページで修正してください。

Chapter 3 年末調整の処理

参 考　年末調整を一括で処理する

年末調整データを表形式で入力することができます。この入力方法は、社員1人分の情報を入力するたびに、画面を表示するよりも手間がかからず効率的に入力できます。

▼［年末調整］-［年末調整処理］-［年末調整一括処理］メニュー

Part 7 年末調整

年末調整データの計算

12月の給与処理を行い、全従業員分の処理が完了したら、年末調整データを計算して、過不足税額を確定させます。

 年末調整データを一括で計算する

①[年末調整処理 - 条件設定]画面で、[画面]ボタンをクリックします。

②表示された[年末調整処理]画面で、[計算]ボタンをクリックします。

③表示された[年末調整 - 計算]画面で、[OK]ボタンをクリックします。

Chapter 3　年末調整の処理

④ [年末調整処理] の確認の画面が表示された場合は、[OK] ボタンをクリックします。

⑤ 表示された[年末調整処理]のメッセージボックスで、[OK] ボタンをクリックします。
年末調整が計算され、年末調整処理の処理状況が「処理中」の社員が、「処理済」になり、処理中の社員は0になります。

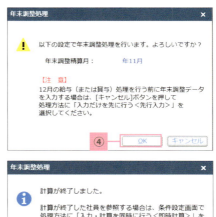

▶ 年末調整データを確認しながら年末調整を計算する

① [年末調整処理 - 条件設定] の画面の [基本] ページで、「処理方法」は「入力・計算を同時に行う＜即時計算＞」を選択します。

② [画面] ボタンをクリックします。

③ [年末調整処理] の確認の画面が表示された場合は、[OK] ボタンをクリックします。

④ 表示された [年末調整処理] 画面で、「社員番号」欄に該当する社員番号を指定します。

⑤ 年末調整データと計算結果を確認します。

⑥ [登録] ボタンをクリックします。
年末調整が計算され、年末調整処理の処理状況が「処理中」から「処理済」になります。

233

Part 7 年末調整

年末調整の計算完了後に使うと便利な管理資料

■算出する過程を確認したい場合
　[年末調整計算書]メニューを利用します。
　　⇒詳細は、P248をご参照ください。

■複数の社員の年末調整結果を一覧で確認したい場合
　[年末調整一覧表]メニューを利用します。
　　⇒詳細は、P246をご参照ください。

■複数の社員の過不足税額を一覧で確認したい場合
　[過不足税額一覧表]メニューを利用します。
　　⇒詳細は、P247をご参照ください。

Chapter 3 年末調整の処理

提出先市町村更新

給与支払報告書は、社員ごとに1月1日現在における住所地の各市町村ごとに提出する必要があります。したがって、給与支払報告書を印刷する前に、住所に変更があった社員について、あらかじめ提出先市町村を更新しておく必要があります。
更新した提出先市町村は、[社員情報]-[社員情報]-[社員情報]メニューの[住民税・通勤手当]ページの「提出先市町村」に自動反映されます。

①メニュー一覧の[年末調整]から、[提出先市町村更新]-[提出先市町村更新]メニューを選択します。

②[提出先市町村更新]画面に続いて[提出先市町村更新-条件設定]画面が表示されます。

③[基本]ページで、集計対象や集計方法などを設定します。

④[画面]ボタンをクリックします。

⑤[提出先市町村更新]画面で、処理結果が表示されます。
更新しない社員は、チェックボックスのチェックを外します。

⑥更新後の提出先を確認し、[実行]ボタンをクリックします。

参考

更新対象として表示される社員は、[社員情報]-[社員情報]-[社員情報]の[基本]ページで設定した、社員の住所(郵便番号)をもとに自動判定された提出先市町村が、[社員情報]メニューの[住民税・通勤手当]ページの提出先市町村と異なる社員が表示されます。

⑦該当する社員は、[社員情報]-[社員情報]-[社員情報]メニューの[住民税・通勤手当]ページで、【住民税情報】の「提出先市町村」が更新されます。

Part 7

Part 7 年末調整

源泉徴収票を印刷する

社員ごとに渡す給与支払報告書および給与所得の源泉徴収票を作成します。
給与所得の源泉徴収票は社員の所得を証明するものであり、社員が金融機関などに提出する資料として必要になるものです。1月中には必ず渡さなければなりません。

▼源泉徴収票の印刷イメージ

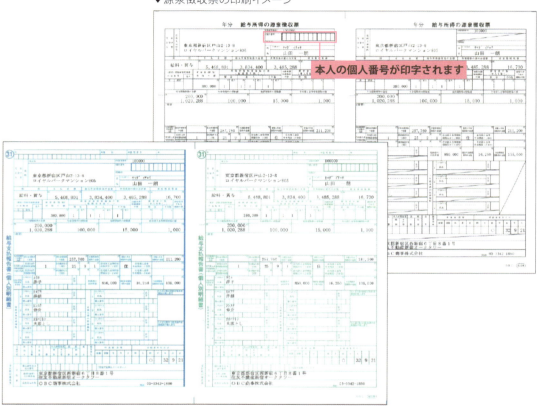

本人の個人番号が印字されます

▶ 〈事前確認〉個人番号が入力されているかを確認する

従業員本人や扶養親族の個人番号が正しく入力されているかを [源泉徴収票一覧表] メニューで確認します。源泉徴収票を印刷する前に、必ずご確認ください。
⇒詳細は P249「源泉徴収票一覧表」をご確認ください。

Chapter 3　年末調整の処理

▶ 源泉徴収票を印刷する

①メニュー一覧の[年末調整]から、[源泉徴収票]-[源泉徴収票]メニューを選択します。

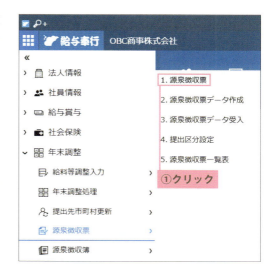

②[源泉徴収票]画面に続いて[源泉徴収票-条件設定]画面が表示されます。

③[基本]ページで、処理年や入力対象、入力順序を設定します。

※在職社員(退職社員以外)のうち、処理年に支払金額がない社員を含めて入力する場合は、「支払金額がない社員を含めて入力する」のチェックボックスにチェックを付けます。

参 考

退職社員のうち、処理年に支払金額がない社員を含めて入力する場合は、[源泉徴収票[退職者用]]メニューで入力します。

Part 7 年末調整

④ [表示] ページで、表示する内容などを設定します。

課税区分が「1：甲欄」で年調対象外の社員の摘要欄に「年末調整済」を表示する場合は、「年調対象外の社員は、摘要欄に「年調未済」を表示する」のチェックボックスにチェックを付けます。

[社員情報] メニューの [住民税・通勤手当] ページが「1：普通徴収」の社員の摘要欄に「普通徴収」を表示する場合は、「住民税徴収が普通徴収の社員は、摘要欄に「普通徴収」を表示する」のチェックボックスにチェックを付けます。

⑤ [画面] ボタンをクリックします。

⑥ [源泉徴収票] 画面が表示されます。
※「摘要」欄などにデータを入力する場合は、該当する社員をデータを表示して、画面下の [F8：入力] ボタンをクリックすると入力できるようになります（入力が完了したら [F12：登録] ボタンをクリックします）。

⑦ [発行] ボタンをクリックします。

⑧ [印刷条件設定] 画面で用紙種類を選択して、[印刷] ボタンをクリックすることで源泉徴収票が印刷されます。

Chapter 3　年末調整の処理

ここがPOINT♪

給与支払報告書を印刷する際のポイント

給与支払報告書を印刷する場合は、[印刷条件設定]画面の「印刷順序」で、「提出先市町村順」にして印刷をすると便利です。

ここがPOINT♪

源泉徴収票の出力に関連する管理資料

■個人番号が正しく入力されているかを確認したい場合
　[源泉徴収票一覧表]メニューを利用します。
　　⇒詳細は、P249をご参照ください。

■源泉徴収簿を出力したい場合
　[源泉徴収簿]メニューから出力できます。
　　⇒詳細は、P250をご参照ください。

■源泉徴収簿兼賃金台帳を印刷する
　[源泉徴収簿兼賃金台帳]メニューを利用します。
　　⇒詳細は、P251をご参照ください。

Part 7

Part 7 年末調整

Chapter 4 年末調整後の処理

年末調整計算後の内容について、簡単にご紹介します。

年末調整後の処理の流れ

年末調整計算を行い、過不足税額の精算が終了したからといって、年末調整の事務がすべて終わったわけではありません。源泉所得税の納付や源泉徴収票の提出などの処理が残っています。

1 徴収した所得税額を納付する（翌年1月10日まで） ⇒ P241

通常の月と同様に所得税徴収高計算書を添えて税務署に納付します。
年末調整の結果は、所得税徴収高計算書の「年末調整による過不足税額」欄に記入します。

2 各種支払調書を作成する

給与以外に退職金や報酬、または不動産の賃借料などを支払った場合には、所定の支払調書を作成します。

3 源泉徴収票・法定調書合計表を提出する ⇒ P243

年末調整時に作成した「給与支払報告書（源泉徴収票）」を各市区町村や税務署に提出します。
その際に給与支払報告書（総括表）や各種支払調書・法定調書合計表も一緒に提出します。

『給与奉行クラウド』では各種支払調書・法定調書合計表を出力することはできません（法定調書合計表を作成するための転記資料は出力することができます）。
『法定調書奉行クラウド』を併せて利用することで、各種控除申告書の作成から年末調整計算、各種支払調書や法定調書合計表の作成までスムーズに行うことができます。
⇒詳細は、P266[法定調書奉行クラウド]をご参照ください。

Chapter 4　年末調整後の処理

徴収した所得税額を納付する

源泉徴収税額を納付する際の所得税徴収高計算書（納付書）に転記するための資料を出力します。

①毎月、源泉徴収税額を納めている場合は「一般用」を選択し、納期の特例を受けている場合は「納期特例分」を選択します。

②出力方法を選択し、該当のボタンをクリックします。

▼［給与賞与］-［所得税納付］-［所得税徴収高計算書］メニュー

Part 7 年末調整

▶ 所得税徴収高計算書の内訳を印刷する

所得税徴収高計算書の集計結果について、内訳一覧表を出力します。

①集計対象や集計区分を選択します。

②出力方法を選択し、該当のボタンをクリックします。

▼所得税徴収高計算書内訳一覧表の印刷イメージ

所得税徴収高計算書内訳一覧表

年12月　支払分　給与所得等　俸給・給料等

OBC商事株式会社　　　　　　　　　　　　　　　　　　　　　　　　　　　　　　　　　　　　　　PAGE: 1
【社員番号順】

社員番号	氏名	支給日	処理月(回)/精算月	支給額	税額	年末調整による不足額	年末調整による超過額	合計額
合計	12名			3,160,300	76,000	0	0	76,000
000100	鈴木　太郎	12月25日	給与 令和 1年12月	417,550	7,210	0	0	7,210
000112	佐藤　京子	12月25日	給与 令和 1年12月	367,550	9,400	0	0	9,400
000444	佐藤　一郎	12月25日	給与 令和 1年12月	367,550	9,650	0	0	9,650
000555	石塚　剛	12月25日	給与 令和 1年12月	367,550	9,400	0	0	9,400
000666	髙木　早苗	12月25日	給与 令和 1年12月	267,550	5,890	0	0	5,890
000888	池田　悠斗	12月25日	給与 令和 1年12月	267,550	5,780	0	0	5,780
001111	渡辺　あおい	12月25日	給与 令和 1年12月	17,550	0	0	0	0
001112	平川　博子	12月25日	給与 令和 1年12月	17,550	0	0	0	0
001245	小川　泉	12月25日	給与 令和 1年12月	317,550	5,780	0	0	5,780
001336	新井　清雄	12月25日	給与 令和 1年12月	467,550	17,000	0	0	17,000
001345	小山　信一	12月25日	給与 令和 1年12月	267,550	5,890	0	0	5,890
001346	鈴木　花子	12月25日	給与 令和 1年12月	17,250	0	0	0	0

Chapter 4　年末調整後の処理

源泉徴収票・法定調書合計表を提出する

年末調整時に作成した「給与支払報告書（源泉徴収票）」を各市区町村や税務署に提出します。
その際に給与支払報告書（総括表）や各種支払調書・法定調書合計表も一緒に提出します。
※『給与奉行クラウド』では法定調書合計表を作成するための転記資料を出力することが可能です。

法定調書合計表資料の印刷

[法定調書合計表資料] メニューで、「給与所得の源泉徴収票等の法定調書合計表」に転記する資料を作成します。

▼[年末調整] - [法定調書合計表資料] - [法定調書合計表資料] メニュー

①源泉徴収票の提出区分は、自動判定されます。[区分設定] ボタンをクリックし、[提出区分設定] 画面を表示して、提出区分を確認・変更できます。
②クリックして印刷します。

▼法定調書合計表資料の印刷イメージ

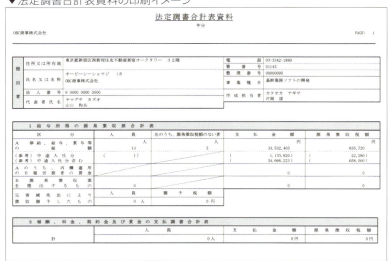

Part 7

243

Part 7 年末調整

▶ 法定調書合計表資料の内訳を確認する

法定調書合計表資料に集計される社員の内訳を確認することができます。

▼[年末調整]-[法定調書合計表資料]-[法定調書合計表資料内訳一覧表]メニュー

①印刷様式で「詳細様式」を選択すると、[給料等調整一括入力]メニューで登録した金額や、[社員情報]メニューの[中途・区分]ページで中途区分を「0：中途入社以外」で入力した金額も表示されます。

▼法定調書合計表資料内訳一覧表の印刷イメージ

年末調整関連の管理資料

『給与奉行クラウド』から出力できるさまざまな年末調整関連の管理資料を確認しましょう。

管理資料の種類と特徴

『給与奉行クラウド』では、年末調整の処理結果を確認できるさまざまな集計資料を作成することができます。出力したいデータや、何を確認したいかによって、利用すると便利なメニューは異なります。種類と特徴を把握しておきましょう。

メニュー名	特徴・利用用途
年末調整一覧表 ⇒ P246	年末調整結果について、複数の社員を一覧で確認する際によく利用します。 一覧表形式で画面表示および印刷することができます。
過不足税額一覧表 ⇒ P247	過不足税額について、複数の社員を一覧で確認する際によく利用します。 一覧表形式で画面表示および印刷することができます。
年末調整計算書 ⇒ P248	社員1人ごとに、所得税額を計算する過程を確認したい場合に利用します。 A4用紙に2名分印刷できます。
源泉徴収票一覧表 ⇒ P249	源泉徴収票の項目を一覧で出力します。 年末調整処理が終了し、源泉徴収票を印刷する前に、扶養親族の情報や出力される個人番号を、一覧表形式で確認する場合に役立ちます。
源泉徴収簿 ⇒ P250	給与処理、賞与処理、年末調整処理を行った結果について、源泉徴収簿を作成できます。専用のサプライ用紙に印刷します。
源泉徴収簿兼賃金台帳 ⇒ P251	給与処理、賞与処理、年末調整処理を行った結果について、源泉徴収簿兼賃金台帳を印刷します。源泉徴収簿と異なり、白紙の用紙に印刷できます。

Part 7 年末調整

年末調整一覧表

年末調整結果について、複数の社員を一覧で確認することができます。一覧表形式で画面表示および印刷することができます。

▼ ［年末調整］-［年末調整資料］-［年末調整一覧表］メニュー

◀印刷イメージ

こんなシーンで利用します！

全社もしくは所属ごとの源泉徴収税額などの合計額を確認したい場合は、このメニューを利用します。

Chapter 5　年末調整関連の管理資料

過不足税額一覧表

全社もしくは所属ごとの過不足税額などの合計を確認したい場合は、このメニューを利用します。

▼［年末調整］-［年末調整資料］-［過不足税額一覧表］メニュー（縦）

▼［年末調整］-［年末調整資料］-［過不足税額一覧表］メニュー（横）

◀印刷イメージ

こんなシーンで利用します！

過不足税額を複数の社員で一覧で確認する際によく利用します。
一覧表形式で画面表示および印刷することができます。

Part 7 年末調整

年末調整計算書

社員1人ごとに、所得税額を計算する過程を確認したい場合に利用します。
A4用紙に2名分印刷できます。

◀印刷イメージ

こんなシーンで利用します！

所得税額を算出する過程を、社員1人ごとに確認したい場合などに出力すると便利です。

源泉徴収票一覧表

源泉徴収票の項目を一覧で出力します。年末調整処理が終了し、源泉徴収票を印刷する前に、扶養親族の情報や出力される個人番号を、一覧表形式で確認する場合に役立ちます。

▼［年末調整］-［源泉徴収票］-［源泉徴収票一覧表］メニュー

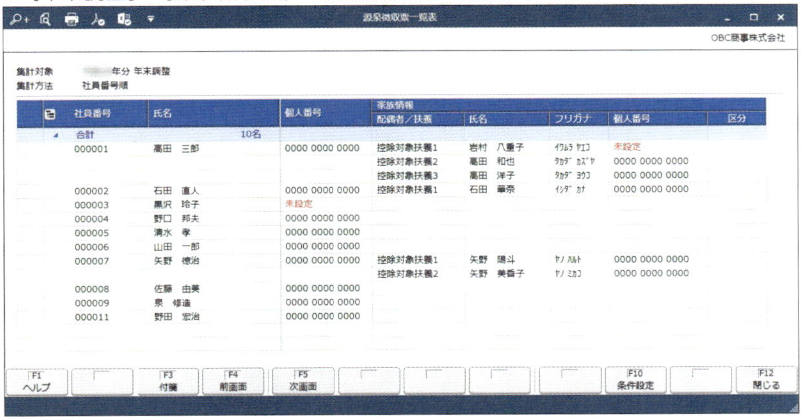

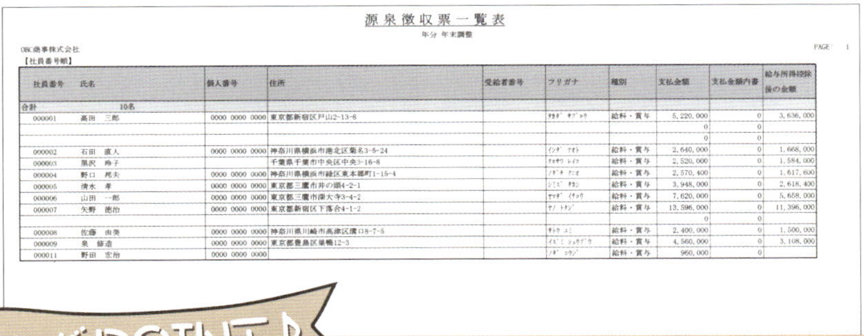

源泉徴収票一覧表

年分 年末調整

OBC商事株式会社　　PAGE: 1

【社員番号順】

社員番号	氏名	個人番号	住所	受給者番号	フリガナ	種別	支払金額	支払金額内書	給与所得控除後の金額
合計	10名								
000001	高田 三郎	0000 0000 0000	東京都新宿区戸山2-13-6		ﾀｶﾀﾞ ｻﾌﾞﾛｳ	給料・賞与	5,220,000	0	3,636,000
							0	0	
							0	0	
000002	石田 直人	0000 0000 0000	神奈川県横浜市港北区菊名3-5-24		ｲｼﾀﾞ ﾅｵﾄ	給料・賞与	2,640,000	0	1,668,000
000003	黒沢 玲子		千葉県千葉市中央区中央3-16-8		ｸﾛｻﾜ ﾚｲｺ	給料・賞与	2,520,000	0	1,584,000
000004	野口 邦夫	0000 0000 0000	神奈川県横浜市緑区東本郷町1-15-4		ﾉｸﾞﾁ ｸﾆｵ	給料・賞与	2,570,400	0	1,617,600
000005	清水 孝	0000 0000 0000	東京都三鷹市井の頭4-2-1		ｼﾐｽﾞ ﾀｶｼ	給料・賞与	3,948,000	0	2,618,400
000006	山田 一郎	0000 0000 0000	東京都三鷹市深大寺3-4-2		ﾔﾏﾀﾞ ｲﾁﾛｳ	給料・賞与	7,620,000	0	5,658,000
000007	矢野 徳治	0000 0000 0000	東京都新宿区下落合4-1-2		ﾔﾉ ﾄｸｼﾞ	給料・賞与	13,596,000	0	11,396,000
							0	0	
000008	佐藤 由美	0000 0000 0000	神奈川県川崎市高津区溝口8-7-5		ｻﾄｳ ﾕﾐ	給料・賞与	2,400,000	0	1,500,000
000009	泉 修造	0000 0000 0000	東京都豊島区巣鴨12-3		ｲｽﾞﾐ ｼｭｳｿﾞｳ	給料・賞与	4,560,000	0	3,108,000
000011	野田 宏治	0000 0000 0000			ﾉﾀﾞ ｺｳｼﾞ	給料・賞与	960,000	0	

◀印刷イメージ

ここがPOINT♪

こんなシーンで利用します！

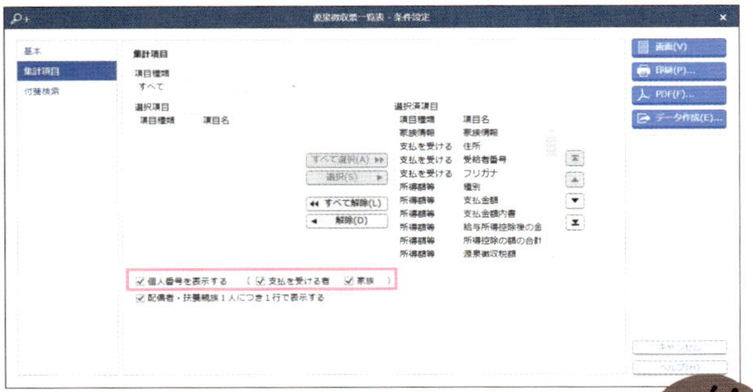

複数の社員の源泉徴収票の結果を、一覧表形式で画面表示および印刷します。社員ごとの源泉徴収票記載額や、印刷される扶養家族名・住所などを確認したい場合に利用します。

また、源泉徴収票一覧表では、源泉徴収票に印字される個人番号を確認することができます。源泉徴収票を印刷する前に、必ず「一覧表上に個人番号が表示されるか」ご確認下さい。

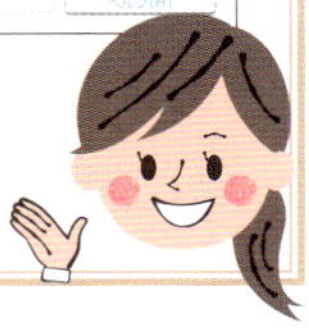

Part 7

Part 7 年末調整

源泉徴収簿

給与処理、賞与処理、年末調整処理を行った結果について、源泉徴収簿を作成できます。専用のサプライ用紙に印刷します。

▼［年末調整］-［源泉徴収簿］-［源泉徴収簿］メニュー

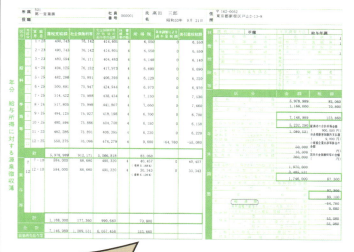

◀印刷イメージ

ここがPOINT♪

こんなシーンで利用します！

源泉徴収簿の提出義務はありませんが、7年間保存することが定められています。『給与奉行クラウド』を利用していれば、提示を求められた際にも当メニューからすぐに出力が可能です。

※給与計算・賞与計算・年末調整計算が済んでいないデータは反映されませんのでご注意ください。

Chapter 5　年末調整関連の管理資料

源泉徴収簿兼賃金台帳

給与処理、賞与処理、年末調整処理を行った結果について、源泉徴収簿兼賃金台帳を印刷します。
源泉徴収簿と異なり、白紙の用紙に印刷できます。

▲印刷イメージ（簡易方式）

▼印刷イメージ（標準方式）

Part 7

251

Part 7 年末調整

[賃金台帳]メニューと
[源泉徴収簿兼賃金台帳]メニューの違い

どちらも給与・賞与のデータを確認できるという点では同じですが、以下の違いがあります。

	[源泉徴収簿兼賃金台帳]メニュー	[賃金台帳]メニュー
出力可能なデータ	・[給与処理]のデータ ・[賞与処理]のデータ ・[年末調整処理]のデータ	・[給与処理]のデータ ・[賞与処理]のデータ
集計期間	年度内でのみ集計可能	年度をまたいで任意に選択可能
使用用途	年末調整結果も含め、年末調整に特化した1年間のデータを出力可能。	1年間という枠にとらわれることなく、汎用的な賃金台帳を出力可能。

Chapter 6　年次更新

年次更新

[年次更新]メニューで年次更新を実行すると、翌年の処理をはじめることができます。年次更新は年内の作業がすべて完了してから、翌年1月分給与の処理前に行ってください。

① [年次更新] メニューを選択します。
「実行」ボタンをクリックします。

② 年次更新終了のメッセージボックスが表示されます。
[OK] ボタンをクリックします。

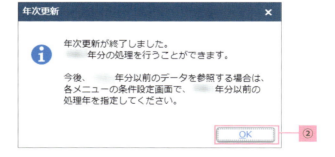

③ 確認のメッセージボックスが表示されます。
[OK] ボタンをクリックします。

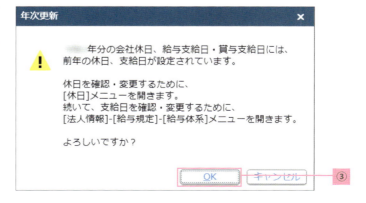

Part 7 年末調整

④ [休日] 画面が表示されます。必要に応じて会社休日を確認・変更します。

⑤ [法人情報]-[給与規程]-[給与体系] メニューを選択します。
[給与体系-給与支給日一括更新] 画面が表示されます。

⑥「支給日」と「土日・祝祭日の支給日設定」を指定します。
[OK] ボタンをクリックします。

⑦ [給与体系] 画面が表示されます。
内容を確認し、[登録] ボタンをクリックします。

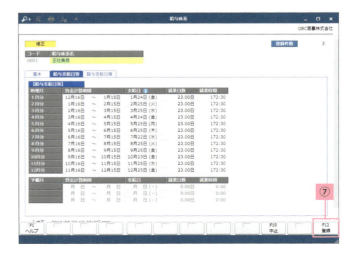

Part 8

労働保険

Chapter 1 労働保険の基礎知識
Chapter 2 労働保険の業務

労働保険の基礎知識

Part 8 労働保険
Chapter 1

労働保険は労災保険と雇用保険からなり、従業員の雇用や生活を守るための制度です。

労働保険は労災保険と雇用保険からなります。それぞれ、主として以下のような役割を担っています。

労災保険・・・業務上の理由や通勤で病気・けが・死亡した際などの保障
雇用保険・・・失業した場合の保障

労災保険は、正式には業務上の理由や通勤中にケガをしたり、病気に見舞われたり、死亡した場合に従業員や遺族を保護するために必要な保険給付を行ってくれる制度です。また、こうした従業員の社会復帰等を図るための事業も行っています。

雇用保険は、失業したり、雇用の継続が困難となったような場合に、従業員の生活及び雇用の安定を図るとともに、再就職を促進するために必要な給付を行う制度です。また、失業の予防や雇用構造の改善等を図るための事業も行っています。

保険料負担の仕組み

労働保険は、会社と従業者の保険料負担で成立していますがその負担割合は、労災保険と雇用保険で異なっています。

労災保険の保険料は全額会社負担で、従業員が負担することはありません。

一方雇用保険は、業種によって異なりますが、従業員が保険料の3分の1～11分の4を負担します。残りの3分の2～11分の7が会社の負担となります。

従業員負担分の保険料は給与等から源泉控除し、会社負担分を加えて会社が納付することになります。

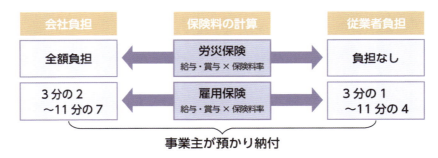

労働保険の加入条件

労働保険は、会社の代表者や取締役、個人事業主とその家族は加入することができません。従業員は基本的にすべて加入することができますが、所定労働時間が週に20時間未満の従業員は加入対象ではありません。

労働保険料の算出と納付

労災保険料は、賃金の総額に保険料率を掛けて計算します。労災保険料は全額会社負担ですので、給与からの控除はありません。

雇用保険料は、従業員と会社が折半で負担しますので、従業員負担分を給与から控除しなければなりません。

労働保険料の納付は、ちょっと複雑です。まず、見込みの賃金額をもとに算出する概算保険料額を納付します。翌年の年度更新の際に、確定した賃金額をもとに算出する確定保険料と納付済み概算保険料の精算をして、次年度分の概算保険料を加えて納付します。つまり、年度更新の際には常に概算保険料を納付し、それを次の年度更新で精算するという形で納付が行われます。

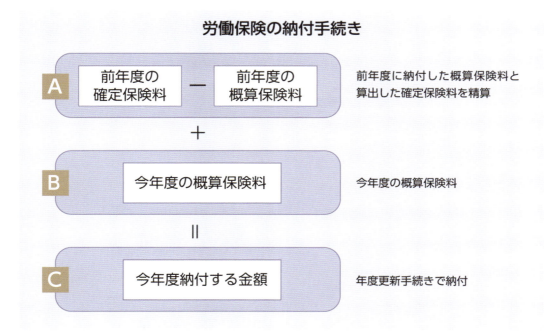

労働保険の納付手続き

Part 8 労働保険

Chapter 2 労働保険の業務

労働保険概算・確定保険料申告書に転記できる資料の作成などを行います。

 労働保険の申告・納付

毎年4月から始まる新年度の労働保険料を概算額(概算保険料)で申告・納付します。同時に、前年度の保険料の確定額(確定保険料)を申告・納付する手続きを行います。
申告・納付は毎年6月1日～7月10日に行います。労働保険概算・確定保険料申告書に転記できる資料を[労働保険申告書]メニューで作成します。
また、労働保険年度更新申告書を[労働保険申告書]メニューで電子申請できます。労働保険確定保険料申告書(事業主控)に添付して保管する確定保険料算定基礎賃金集計表は[算定基礎賃金集計表]メニューで作成します。

 労働保険申告書

労働保険申告書の内容を確認します。
[法人情報]-[給与規程]-[勤怠支給控除項目]メニューの[支給]ページの雇保対象基準が「1:対象」に設定されている支給項目の合計額と[法人情報]-[労働保険]-[事業区分]メニューで登録されている保険料率から確定保険料・一般拠出金額や概算保険料額が自動的に計算されます。

▼[労働保険]-[労働保険申告書]-[労働保険申告書]メニュー

258

Chapter 2　労働保険の業務

▼労働保険申告書資料の印刷イメージ

労働保険申告書資料

ＯＢＣ商事　株式会社

労働保険番　　号	都道府県		所掌	管轄	基幹番号					枝番号		
	1	3	1	0 1	2	5	4	0 3 6		0	0	0

常時使用労働者数	雇用保険被保険者数	免除対象高年齢労働者数
45 人	45 人	2 人

【確定保険料算定内訳】

区分	算定期間　　　　年 4月 1日　から　　　　年 3月31日まで		
	保険料・拠出金算定基礎額	保険料・拠出金率	確定保険料・一般拠出金額
労働保険料（労災＋雇用）	千円	19.500 /1000	4,025,554 円
労災保険分	216,501 千円	4.500 /1000	974,254 円
雇用保険分 雇用保険法適用者分	216,501 千円		
高年齢労働者分	13,081 千円	15.000 /1000	196,215 円
保険料算定対象者分	203,420 千円	15.000 /1000	3,051,300 円
一般拠出金	216,501 千円	0.050 /1000	10,825 円

【概算保険料算定内訳】

区分	算定期間　　　　年 4月 1日　から　　　　年 3月31日まで		
	保険料算定基礎額の見込額	保険料率	概算保険料額
労働保険料（労災＋雇用）	千円	19.500 /1000	4,025,554 円
労災保険分	216,501 千円	4.500 /1000	974,254 円
雇用保険分 雇用保険法適用者分	216,501 千円		
高年齢労働者分	13,081 千円		
保険料算定対象者分	203,420 千円	15.000 /1000	3,051,300 円

Part

8

Part 8 労働保険

参考

概算保険料算定内訳で次の内容を集計したい場合は、[条件設定] ボタンをクリックし、[労働保険申告書-条件設定] 画面を表示して、集計条件を指定してください。

- 4月1日時点で免除高齢者となる社員を、「高年齢労働者分」として集計する場合
- 3月31日時点の退職社員を除いて集計する場合

[労働保険申告書] 画面に表示される内容は、次のとおりです。

●確定保険料算定内訳
- 「保険料・拠出金算定基礎額」
  [法人情報] - [給与規程] - [勤怠支給控除項目] メニューの [支給] ページの雇保対象基準が「1:基準内」に設定されている支給項目の合計額(1,000円未満切捨)
- 「保険料・拠出金率」
  [法人情報] - [労働保険] - [事業区分] メニューで設定した保険料率
- 「確定保険料・一般拠出金額」
  保険料・拠出金算定基礎額に保険料・拠出金率を乗じた金額

●概算保険料算定内訳
- 「保険料・拠出金算定基礎額」
  [法人情報] - [給与規程] - [勤怠支給控除項目] メニューの [支給] ページの雇保対象基準が「1:基準内」に設定されている支給項目の合計額(1,000円未満切捨)
- 「保険料率」
  [法人情報] - [労働保険] - [事業区分] メニューで設定した保険料率
- 「概算保険料額」
  保険料・拠出金算定基礎額に保険料率を乗じた金額

Chapter 2　労働保険の業務

算定基礎賃金集計表

労働保険確定保険料申告書（事業主控）に添付して保管する確定保険料算定基礎賃金集計表を作成します。
従業員の算定基礎賃金集計表（労災保険対象の労働者数及び賃金、雇用保険対象の被保険者数及び賃金）と役員、高年齢労働者が集計されます。

▼［労働保険］-［労働保険申告書］-［算定基礎賃金集計表］-［算定基礎賃金集計表］メニュー

参考

事業区分を複数登録している場合、労働保険番号ごとに労働保険申告書類資料に集計されるため、労働保険番号が同じ「事業区分」をまとめて集計されます。
例：
　労働保険番号が同じ「01：基本事業」「02：小売業」が登録されている場合は、［事業区分検索］が目4ンで「01：基本事業」のみが検索対象となります。「01：基本事業」を集計すると、「02：小売業」の社員のデータもあわせて集計されます。

Part 8

261

Part 8 労働保険

算定基礎賃金内訳一覧表

［算定基礎賃金集計表］メニューで集計された社員の内訳を確認できます。
給与、賞与の各月の詳細な内訳を確認できます。

▼［労働保険］-［労働保険申告書］-［算定基礎賃金集計表］-［算定基礎賃金内訳一覧表］メニュー

▼算定基礎賃金内訳一覧表の印刷イメージ

Part 9

奉行クラウドとの
データ連携

Chapter 1　連携で向上する生産性

Part 9 奉行クラウドとのデータ連携

Chapter 1

連携で向上する生産性

従業員の業務プロセスに対応した「奉行クラウド Edge 」や他の「奉行クラウド」とデータ連携することで、『給与奉行』の手作業を大幅に削減できます。

『給与奉行クラウド』と連携する製品・サービス

『給与奉行クラウド』は、以下の図のように様々な製品やサービスと連携が可能です。
各製品やサービスの特徴を確認し、手間を減らしたい部分は導入をご検討ください。

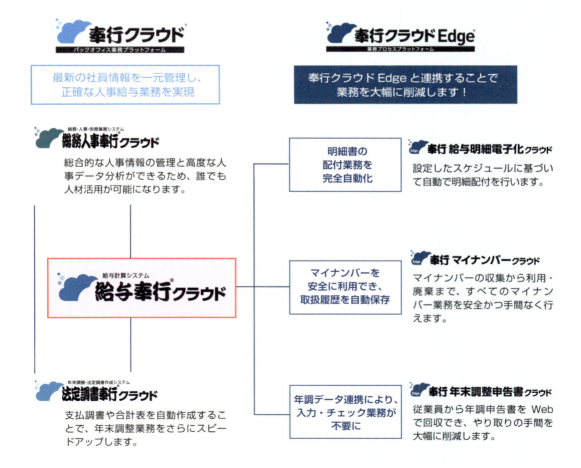

Chapter1　連携で向上する生産性

『総務人事奉行クラウド』

『総務人事奉行クラウド』は、多様化する雇用形態や、独自の社員管理に柔軟に対応し、社員の入社から退職までの日常業務や定例業務を正確かつ効率的に処理できる製品です。

▶ 〈ポイント①〉社員情報を豊富な管理項目で管理

『総務人事奉行クラウド』を導入することで、健康診断や資格情報、労働契約の内容など、50項目以上のあらゆる管理項目を入力することや、各項目の履歴管理が可能です。

▶ 〈ポイント②〉独自の検索条件で管理資料を出力可能

蓄積された社員の管理項目から豊富な検索条件をもとに、目的に応じた管理資料の出力が可能です（例：健康診断未受診の社員のみを集計する等）。

▶ 〈ポイント③〉組織改編や異動の情報も履歴として管理可能

組織の統廃合や改編時には、簡単な操作で視覚的に組織体系を登録できます。
また、過去の履歴を管理できるため、いつでも過去の組織の状態で集計・確認が可能です。

▶ 〈ポイント④〉労働契約の締結から更新までのプロセスを提供

契約凍結時に従業員に渡す労働条件通知書や、契約満了の際に渡す「雇用契約期間満了通知書」の出力はもちろん、労働契約の履歴管理、労働契約の更新まで一気通貫で『総務人事奉行クラウド』から行うことが可能です。

Part 9

265

Part 9　奉行クラウドとのデータ連携

『法定調書奉行クラウド』

『法定調書奉行クラウド』は、各種控除申告書の作成から年末調整計算、各種支払調書や法定調書合計表の作成までをスムーズに行うことができます。

▶〈ポイント①〉法定調書合計表作成から申告までをフルサポート

各データが自動合算され、合計表が自動作成されます。白紙への印刷の他、KSK（国税総合管理）システム対応のOCR用紙に直接印紙することもでき、電子申告も可能です。

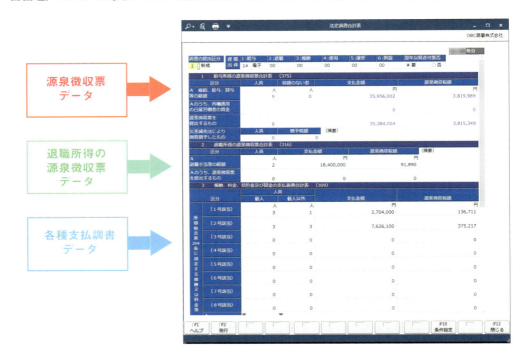

▶〈ポイント②〉データの連携によりさらに効率的に作成が可能

『給与奉行クラウド』『総務人事奉行クラウド』とクラウド上でデータが連携されているため、社員情報や給与賞与データ・年末調整データを活用でき、二重入力の必要がありません。

▶〈ポイント③〉支払調書の印刷業務を効率化！転記せずにそのまま提出可能

「報酬等の支払調書」「不動産の使用料等の支払調書」「退職所得の源泉徴収票・特別徴収票」など主要な支払調書を白紙に印刷し、そのまま税務署へ提出することが可能です（磁気媒体・電子申告にも対応！）。

INDEX
索引

索引

Part1 給与奉行クラウドの特徴とメリット

英字

API（Application Programming Interface）	009、012
Azure SQL Database（Premium）	010
FB データ	014、092、113、163、164、168
Microsoft Azure	010
SSL	010
WAF（Web Application Firewall）	010
WPF（Windows Presentation Foundation）	010

カ行

過不足税額の自動計算	016
給与奉行クラウド	013、018、036
クラウド給与時代到来	008
クラウドサービス	009
源泉徴収票	016、186
公文書のダウンロード	015
コストダウン	009

サ行

サプライ用品	014、160
算定基礎届の自動作成	015
自動アップデート	012
社会保険労務士	008
住民税の納付・届出を自動化	014
情報漏えいのリスク	008
制度改正対応	016
セキュリティシステム	009
専門家ライセンス	011

タ行

電子申請	015、096

ナ行

年末調整計算	016、088、224

ハ行

ビッグデータ分析システム	009
ファイアウォール	010
奉行 Edge 給与明細電子化クラウド	013、264
奉行 Edge 年末調整申告書クラウド	016、264

奉行クラウド		010
奉行クラウド API version		012
プログラム自動更新		012

ラ行

リモートサポート		012
労働保険料		015、257

Part2 導入準備

数字

1年間の給与業務の流れ		020

ア行

アンインストール		023
インストール		022
お気に入り		024、031
	お気に入りに追加登録	031
	お気に入りメニューからの削除	031
	順番の並び替え	031

カ行

起動（ログイン）		025
給与奉行クラウド導入		018

サ行

サービス選択		025
終了		025

タ行

ダッシュボード		024、032
	お知らせ	032
	処理状況	032
	導入状況	032
	利用状況	032
ツールバー		024、028
	個人設定	030
	セキュリティ	029
	設定	028
	汎用データ	028
	ヘルプ	030
動作環境		018
導入計画のイメージ		020

索引

導入処理に必要な基礎資料		021
導入処理の流れ		021
導入のタイミング		019

ハ行

並行稼働 (パラレルラン)		019

マ行

メイン画面		024
メインメニュー		026
メニュー一覧		024

Part3【導入時】基本データの登録

英字

e-Gov		096
FBデータ		014、092、113、163、164、168

数字

0印字の選択肢による印字の違い		064

ア行

運用設定		041

カ行

過不足税額の計上場所		057
基準日方式		053
休暇基本設定		048
	休暇換算ページ	050
	代替休暇ページ	050
	有給休暇ページ	049
給与規定の設定		054
給与基本設定		055
	基本ページ	056
	給与予備月ページ	058
給与支給日ボタン		061
給与処理メニュー		062
給与体系メニュー		059
	給与支給日等ページ	059
	賞与支給日等ページ	061
給与体系を複数登録する		060

給与奉行クラウド		013、018、036
	いつから始めるか？	036
	導入の流れ	037
勤怠支給控除項目メニュー		063
	勤怠手当ページ	065
	勤怠ページ	064
	控除内訳ページ	068
	控除ページ	069
	支給内訳ページ	068
	支給ページ	066
計算式メニュー		075
健康保険区分メニュー		086
	基本ページ	086
	保険料率情報ページ	086
健康保険組合メニュー		082
	組合情報ページ	083
	保険料率情報ページ	083
厚生年金基金メニュー		084
	基本情報ページ	085
	保険料率ページ	085
厚生年金保険区分メニュー		087
	基本情報ページ	087
	保険料率情報ページ	087

サ行

採用日方式		052
残業 / 減額		070
	減額金の計算について	072
	減額計算ページ	074
	残業計算ページ	073
	残業手当の計算方法	070
	残業手当の端数処理について	071
	残業手当や減額金の設定	070
社会保険設定メニュー		079
組織図名		044
組織体系		045
	組織体系に登録した部門の追加	045

タ行

電子証明書（ファイル形式）		096
電子申請		015、096
	公文書のダウンロード	096
	事前に用意しておくもの	096

索引

ナ行

年末調整		016、088、224
	法定調書設定	088
年末調整精算月の所得税計算		057

ハ行

部門		042、043
	部門と組織体系の関係	042
	部門の登録	043
	部門名	044
振込手数料		094
	給与賞与振込ページ	094
	同行同一支店あて扱いページ	095
	同行本支店あて扱いページ	095
振込元となる銀行の登録		092
法人口座		092
法人情報		039
保険料率の改定について		081

マ行

明細書の項目を登録する		062

ヤ行

役職／職種		046
有給付与日数表		051

ラ行

利用者 ID		097
労働保険		015、089、257
	基本ページ	090
	雇用保険ページ	091
	事業区分	090
	社労士ページ	091
	労働保険設定	089
	労働保険ページ	090

Part4 社員情報の登録

英字

CSV ファイル	128
FB データ	014、092、113、163、164、168
OBC 受入形式	132、133、137

カ行

介護保険区分	109
期中導入	119
個人番号一括入力メニュー	144
個人番号操作履歴メニュー	146
個人番号の取り扱い	143

サ行

社員が休職／復職した場合		120
社員情報一括受入		128
社員情報一括登録		125
社員情報更新のタイミング		100
社員情報データ受入		131
社員情報データ作成		129
社員情報メニュー		101
	基本ページ	103
	給与・単価ページ	104
	休日・休暇ページ	106
	家族・所得税ページ	107
	社会保険ページ	108
	労働保険ページ	110
	住民税・通勤手当ページ	111
	給与支給ページ	114
	賞与支給ページ	117
	中途・区分ページ	118
住民税改定一覧表		142
住民税改定メニュー		139
住民税の登録		139
初期値設定		122
総務省通達形式 CSV		141

タ行

短縮入力	121
データ受入形式一覧表	132
データ受入の手順	133
特別徴収税額通知データ	139、141

ハ行

番号確認書類	145
付箋機能	122
付箋検索	124
振込先銀行を2行に分ける場合の設定例	115

索引

マ行

マイナンバー		143
身元確認書類		145

Part5 給与業務を行う

英字

FB データ		014、092、113、163、164、168
	FBデータで振り込む	164
	FB データによる住民税の納付	168

カ行

管理帳票		175
給与一括処理メニュー		157
給与業務の流れ		150
給与処理メニュー		153
	給与処理画面	154
	給与処理を行うことができる社員	151
給与データ受入メニュー		158
	給与データの作成	158
給与データの 3 つの入力方法		152
給与データを一覧で確認する		159
給与明細書メニュー		161
給与明細書を印刷する		160
銀行に振り込む		163
	銀行振込（FB データ）	164
	銀行振込一覧表	163
	銀行振込依頼書	166
勤怠一覧表		184
勤怠支給控除一覧表		179
区分別一覧表		181
源泉徴収票［退職者用］		016、186

サ行

サプライ用紙		014、160
住民税の納付		167
	住民税一覧表	167
	住民税の納付（FB データ）	168
	住民税納付書を印刷する	169
賞与支給日の変更		173

賞与データの入力		172
	賞与支払届	174
	賞与処理	172
所属（部署）の異動があった場合		156
所得税の納付		170
	所得税徴収高計算書	170
	所得税徴収高計算書内訳一覧表	171

タ行

帳票の集計・出力の基本操作	176
賃金台帳	187

ヤ行

有休消化状況一覧表	185

Part6 社会保険

ア行

育児・産前産後休業終了時月額変更処理	205

カ行

介護保険		190
管理資料の作成		199
月額変更処理		192
	計算結果の確認	198
	月額変更処理の流れ	192
	月額変更データリスト	198
月額変更届		200
	磁気媒体の場合	202
	電子申請の場合	201
	届出用紙の場合	203
月額変更のデータの登録		194
月額変更予定者確認表		193
健康保険		190
厚生年金		190

サ行

算定基礎処理		209
	計算結果の確認	212
	算定基礎処理の流れ	209

275

索引

算定基礎届	015、214
算定基礎のデータの登録	210
社会保険の加入条件	191
社会保険料の算出	191

タ行

電子申請結果の確認	206、215
電子申請状況照会 [社会保険]	207

ナ行

納入告知書内訳一覧表	221
納入告知書確認表	220

ハ行

標準報酬改定一覧表	213、216
保険料一覧表	213、218
保険料負担の仕組み	190

Part7 年末調整

カ行

過不足税額一覧表	247
源泉徴収票一覧表	249
源泉徴収票を印刷する	236
源泉徴収簿	250
源泉徴収簿兼賃金台帳	251

サ行

所得税徴収高計算書（納付書）	241
所得税徴収高計算書内訳一覧表	242

タ行

提出先市町村更新	235

ナ行

年次更新		253
年末調整		016、088、224
	年末調整の流れ	224
	年末調整の計算手順	225
	年末調整の処理の流れ	227
	年末調整データの先行入力	228
	年末調整を一括で処理する	231
	年末調整データの計算	232
	年末調整後の処理	240

	年末調整関連の管理資料		245
	年末調整一覧表		246
	年末調整計算書		248
年末調整の精算方法	給与年調／賞与年調／単独年調		226
年末調整の対象とならない人			225

ハ行

法定調書合計表資料		243

Part8 労働保険

カ行

概算保険料算定内訳		260
確定保険料算定内訳		260
雇用保険		256

サ行

算定基礎賃金内訳一覧表		262
算定基礎賃金集計表		261

ラ行

労災保険			256
労働保険			256
	労働保険の加入条件		257
	労働保険の申告・納付		258
労働保険申告書			258
労働保険料の算出			015、257
労働保険料の納付			257

Part9 奉行クラウドとのデータ連携

サ行

総務人事奉行クラウド		265

ハ行

奉行給与明細電子化クラウド		013、264
奉行クラウド Edge		264
奉行年末調整申告書クラウド		016、264
奉行マイナンバークラウド		264
法定調書奉行クラウド		266

本書で解説した『給与奉行クラウド』は
OBCのサイトから **30** 日間無料で
お試しいただけます。

STEP 1 Webサイトから
無料トライアルのお申込み

STEP 2 『給与奉行クラウド』ダウンロード
すべての機能をお試しいただけます。
30日間、じっくりお試しください。

30日間無料トライアル　スタート

無料トライアルはこちらから

| 奉行クラウド　無料体験 | 検索 |

https://www2.obc.co.jp/trial/cloud/kyuyo/

サンプルデータや専用ガイドブック付きなのですぐにお試しいただけます。

給与奉行クラウドの利用には以下の環境が必要です。

・Windows7 以上の OS
・インターネット回線に接続している
　（十分なパフォーマンスを確保するために、より高速な回線をご用意ください）

著者：株式会社 TMS エデュケーション

公平な精神と透明性を理念に、"誰にでもやさしく、分かり易い"情報サービスの提供を使命とし、クラウド・サービス、モバイルソリューション・サービス、書籍出版など、各種コンテンツの制作・編集、そして教育を事業の柱としている。
http://www.tms-japan.jp

編集協力：佐藤京子

カバーデザイン：合同会社 PAN DESIGN

給与奉行クラウド
導入・運用ガイドブック

2019 年 10 月 25 日　初版　第 1 刷発行

著者：TMS エデュケーション

発行人：宮地実里

発行所：奉行クラウド出版

発売元：星雲社（共同出版社・流通責任出版社）

〒 112-0005 東京都文京区水道 1-3-30

電話：03-3868-3275（受注専用）

http://bugyocloud-pub.jp/top（お問い合わせ専用ページ）

印刷・製本：図書印刷株式会社

※本書の無断転載およびコピーを厳禁します
※定価はカバーに表示してあります
※万一、落丁・乱丁などの不良品がありましたら株式会社泰文堂まで
お送りください。送料小社負担にてお取り替えいたします

©TMS エデュケーション 2019　Printed in Japan ISBN 978-4-434-26758-1　C2034